뇌교육 원론

The Principles of
Brain
Education
뇌교육 원론

일지 이승헌

한문화

• 이 책의 저본底本은 2010년 국제뇌교육종합대학원대학교에서
출간된 판입니다. 내용을 수정·보완하여 새롭게 펴냈습니다.

뇌교육, 공생지능을 깨우다

지금 지구는 왜 이렇게 평화롭지 못한가. 그 이유는 뇌 속에 담긴 정보가 서로 다르기 때문일지도 모른다. 인류는 수많은 전쟁을 겪어 왔다. 그러나 그 갈등의 근원은 인간 자체라기보다 뇌 속에 들어 있는 정보의 충돌에 있다.

우리는 매일 수많은 정보 속에서 판단하고 선택하며 살아간다. 그 정보에 어떻게 반응하고 어떤 선택을 하느냐에 따라 삶의 방향은 달라진다. 결국 뇌 속에 담긴 정보가 그 사람의 사고와 행동을 좌우하는 열쇠가 된다. 이제는 좋은 뇌 상태를 만드는 훈련과 습관이 더욱 중요해지는 시대다.

인류와 지구의 미래 또한 인간이 자신의 뇌를 어떻게 인식하고 활용하느냐에 달려 있다. 오늘날 인류 문명을 만든 것이 뇌의 무한한 창조성이듯, 인류가 당면한 위기를 해결할 열쇠 또한 우리의 뇌 안에 있다.

《뇌교육 원론》이 처음 세상에 나온 지 16년이 지났다. 그 사이 인공지능의 발달로 인류는 문명사적 전환기에 들어섰다. 이 책은 그 변화의 한가운데에서 다시 묻는다. 인간다움의 본질은 무엇이며, 우리는 어떤 존재로 살아가야 하는가.

뇌교육은 한 인간의 처절한 자기 성찰과 각성에서 시작되었다. 45년 전, 필자는 바로 이러한 문제를 깊이 탐구했다. 그 이전까지는 큰 비전도 분명한 목표도 없이 반복되는 일상의 허무함 속에서 살았다. 그러던 중 "나는 왜 이 세상에 왔는가"라는 근원적 질문을 던지게 되었고, 그 끝에서 외부의 지식이 아닌 뇌에 내재한 생명의 본질을 발견했다.

　새벽녘 한 공원에서 만난 중풍 환자에게 잃어버린 감각을 되찾아주며 품었던 마음은 '인간 뇌의 가치를 1억 명에게 전하겠다'라는 서원으로 이어졌다. 이는 뇌운영시스템(BOS)이라는 뇌교육의 원천기술과 학문적 토대가 되었다.

1990년 한국뇌과학연구원 설립을 시작으로 뇌교육의 학문화가 본격화되었다. 대한민국은 2003년 석·박사 과정을 갖춘 뇌교육대학원 인가를 시작으로, 2010년 세계 최초의 뇌교육 학사학위 과정을 개설하며 학사·석사·박사를 아우르는 학위 체계를 세계에서 처음으로 완성했다. 뇌교육 종주국으로서의 위상은 이제 국내를 넘어 세계로 확장되고 있다.

　최근 미국 뉴멕시코주 의회로부터 뇌교육 프로그램이 표창장을 받은 것은 시사하는 바가 크다. 뇌교육이 신경과학 기반의 전인적 교육 모델로서 학생과 교사, 학부모의 정서 조절과 회복탄력성을 높이는 실질적인 '휴먼테크놀로지'임을 국제사회가 공인한 것이다.

뇌교육의 뿌리는 대한민국이 보유한 유구한 뇌철학적 자산에 있다. 우리 선조들은 일찍이 〈삼일신고〉를 통해 "본성에서 찾

으라, 이미 너희 뇌 속에 내려와 있다"라는 '강재이뇌降在爾腦'의
지혜를 전했다. 외국의 학자들이 한국을 '성인聖人이 세운 나라'
라고 평하는 이유도 홍익인간弘益人間이라는 건국이념 자체가
인간성을 회복하여 성인의 품성을 갖추게 하는 '신인합일神人合
一'의 철학을 담고 있기 때문이다.

뇌는 머리로 이해하는 대상이 아니라, 몸과 마음의 감각을 깨
우는 체험적 훈련을 통해 실질적인 변화를 경험할 수 있는 역
동적인 유기체다. 이러한 변화는 보이지 않는 '에너지'를 체험
하는 과정에서 더욱 분명해진다. 인공지능이 할 수 없는 자연
지능을 높이는 핵심은 바로 이 에너지 체험에 있다.

  따라서 뇌교육은 인간의 가치를 발견하고 이를 계발하도록
돕는 학문이면서 동시에 실천 체계다. 이 책은 뇌교육의 정수
를 누구나 쉽게 이해할 수 있도록 정리한 입문서로서 지식을
전달하는 데 그치지 않고 실제적인 체험 훈련의 중요성을 강
조한다.

이제 인류는 물질 중심의 산업혁명이 아닌 인성을 회복하는 5차 산업혁명을 이뤄내야 한다. 지능의 효율을 경쟁하는 시대를 지나 인간다움의 가치를 실현하는 방향으로 나아가야 한다.

나는 이러한 의식의 확장을 '공생지능(Coexistence Intelligence)'이라 부른다. 공생지능은 인간과 인간, 인간과 자연, 인간과 지구가 하나의 공동체임을 자각하고 조화롭게 살아가는 능력이다. 이는 인공지능 시대에 인간이 반드시 회복해야 할 본질적 역량이다.

지구촌 물질문명의 한계가 도래한 지금, 대한민국이 제시하는 '홍익 철학'에 세계가 주목하고 있다. 뇌교육은 인간의 가치를 발견하고 위대한 잠재성을 깨우는 가장 강력한 방법이며, 이 책이 뇌교육 입문서로서 길잡이가 되기를 바란다.

2026년 4월

일지 이승헌

차 례

6장 뇌교육의 미래 가치

1장

뇌교육 입문

The Principles of

Brain Education

The Principles of **Brain Education**

1 뇌 안에 답이 있다

인간의 뇌는 경이로움의 산물이다. 상상을 현실로 만드는 위대한 창조성이 인간의 뇌에 내재해 있다. 초원으로 뒤덮인 대지 위에 거대한 도시 문명이 들어서고, 지구 반대편 사람과 생생한 목소리로 이야기를 나누며, 우주 탐사까지 가능하게 한 기술혁명 모두 인간 뇌의 창조성에서 비롯되었다.

하지만 인간의 창조성이 만들어낸 지구촌의 변화가 가속화될수록 인류의 미래에 대한 불안과 위기의식 또한 커지고 있다. 인간성 상실의 시대, 지구 생태계의 위기 속에서 인공지능과 마주한 우리는 오늘의 현실을 어떻게 받아들여야 하는가.

45년 전, 나는 그 해답이 누구에게나 있는 뇌 안에 있음을 깨달았다. 오늘날 인류 문명을 일구어낸 힘이 인간의 뇌가 지닌 창조성이듯, 당면한 인류 문제를 해결할 열쇠 또한 뇌에 있음을 알게 되었다.

현실은 뇌가 그려낸 삶의 투영이다. 오늘의 위기는 '창조'와 '평화'라는 두 수레바퀴 가운데 하나만을 선택하고 강조해 온 지난 시간의 결과다. 뇌의 가치를 잘못 인식하고 제대로 사용하지 못한 것이다. 뇌는 누구에게나 있지만, 뇌를 어떻게 운영해야 하는지는 알지 못했다. 이제 다시 뇌의 온전한 가치를 회복해야 할 때다.

인간에 대한 이해는 '뇌'에서 시작된다. 누군가의 뇌를 안다는 것은 곧 그 사람을 아는 것이다. 누군가의 오장육부를 안다고 해서 그를 이해할 수는 없다. 그러나 오장육부를 움직이는 핵심이자 모든 정신 활동의 중추인 뇌를 이해한다면 이야기는 달라진다.

뇌는 누구에게나 있다. 그러나 뇌에 대한 이해는 제각각이다. 뇌를 어떻게 바라보고, 어떻게 이해하며, 어떻게 활용하느냐는 사람마다 다르다. 자신을 제대로 알지 못한 채 남을 알 수 없듯, 타인을 이해하려면 먼저 자신의 뇌를 이해해야 한다.

내 뇌에는 어떤 정보가 담겨 있는가. 지금 나에게 일어나는 수많은 감정은 어디에서 비롯되는가. 내 뇌의 주인은 과연 누구인가.

내가 자주 머무르는 미국 애리조나주에는 방울뱀이 많다. 그 방울뱀을 사람들이 모인 강연장에 풀어놓는다면 어떻게 될까. 모두 혼비백산해 자리를 뜰 것이다. 그러나 그 자리에 모인 사람들이 땅꾼이라면 상황은 달라진다. 같은 방울뱀이라도 누군가에게는 공포의 대상이지만, 누군가에게는 포획의 대상이다. 우리 뇌에 어떤 정보가 들어 있느냐에 따라 같은 사물에 대한 반응이 완전히 달라진다. 결국 뇌 속의 정보가 중요한 것이다.

그리고 그 정보가 삶의 모든 선택과 판단을 좌우한다. 오늘날 당신이 서 있는 현실은 그 선택이 만들어낸 결과다. 선택이 모여 현실이 된다. 그 선택의 기반이 정보에 있다면 결국 어떤 정보를 담고 있는지, 정보를 만들어내는 뇌의 진정한 주인이 누구인지를 자각하는 데 미래가 달려 있다.

인간의 뇌는 단지 현재에만 존재하지 않는다. 그 안에는 당신의 어머니, 아버지의 정보가 담겨 있다. 그 위로 아버지의 아버지, 또 그 위의 조상들, 어머니의 어머니와 그 위의 조상들까지 모두 연결되어 있다. 그렇다면 당신은 지금 몇 살이라고 말할 수 있을까. 과연 나이를 단순한 숫자로만 규정할 수 있을까.

모든 역사는 당신의 뇌 속에 기억되어 있다. 당신은 현재에 머무르지만 머나먼 과거의 정보 또한 뇌 속에 담고 있다. 그리고 과거와 마찬가지로 미래와도 연결되어 있다. 당신의 존재는 한 생애로 끝나지 않는다. 시간을 넘어 영원히 이어져 있다. 몸으로 이어지고, 몸이 사라지면 에너지로 이어지며 의식으로 이어진다. 그래서 당신 한 사람은 참으로 귀한 존재다. 죽음으로 모든 것이 끝나는 것은 아니다. 육체는 사라지지만, 에너지와 의식은 계속해서 연결된다.

이처럼 뇌는 중요하다. 모든 비밀이 그 안에 있다. 그러므로 당신의 뇌를 존중하기 바란다. 뇌는 인간을 해석하는 가장 근원적인 경전이다. 국가와 민족, 사상과 철학, 종교 또한 모두 뇌 안에 존재한다. 뇌가 없다면 그 어떤 것도 존재할 수 없다. 인간은 완전하지 않지만 뇌는 완전하다. 한 개인은 완전하지 못하지만, 그 안의 뇌는 완전하다. 우리는 그 뇌로 모든 것을 이루어간다.

The Principles of **Brain Education**

2

인공지능 시대, 공생지능

바야흐로 인공지능(AI)의 시대다. 생성형 AI의 등장은 인류에게 거대한 충격과 동시에 전에 없던 편리함을 안겨주었다. 지식의 축적과 정보처리 속도에서 인간은 더 이상 기계를 능가할 수 없는 지점에 이르렀다. 이러한 문명사적 전환기 앞에서 우리는 근본적인 질문을 던져야 한다. 기계가 인간의 지능을 대체하는 시대에 인간다움의 본질은 무엇이며, 우리에게 필요한 진짜 능력은 무엇인가.

지금 우리나라는 심각한 세 가지 난제에 직면해 있다. 세계 최저의 출산율, 세계 1위의 청소년 자살률, 그리고 최하위권의 행복지수가 그것이다. 경제적으로는 선진국 반열에 올랐고, 군

사력과 문화적 영향력도 세계적 수준에 도달했지만, 정작 우리 사회의 내면은 깊이 병들어 있다. 우리는 지식을 축적하는 경쟁에서는 승리했을지 모른다. 그러나 생명을 사랑하고 자신을 존중하는 감각은 상실했다. 이 문제의 근원에는 '인성人性'의 부재가 있다.

인성이 바닥에 떨어진 상태에서 지능만 높아지고 경쟁만 강조하는 사회는 위험하다. 지금 우리 사회는 '성공지능'에만 매달려 있다. 부모들이 출산을 기피하는 이유도 여기에 있다. 무한 경쟁의 구조 속에서 아이가 안정적으로 성공하기 어렵고, 행복하게 살기 힘들 것이라는 불안 때문이다.

그 해답은 '공생지능(Coexistence Intelligence)'에 있다. 일찍이 인류가 나아가야 할 새로운 인간상으로 '호모 코이그지스턴스 Homo Coexistence(공생하는 인간)'를 제안한 바 있다. 이제 인공지능 시대를 맞아 '호모 코이그지스턴스'의 정신은 '공생지능'이라는 구체적이고 실질적인 역량으로 확장되어야 한다. AI 시대에 인류가 추구해야 할 최고의 가치는 지식의 총량이 아니다. 사람 냄새 나는 인성을 회복하고 공생을 실천하는 능력이다.

공생지능을 깨우는 열쇠는 멀리 있지 않다. 바로 우리 '몸'에 있다. 잃어버린 몸의 감각을 되살리는 체험 중심의 교육이 필요하다. 뇌교육은 바로 이러한 철학에서 출발한 휴먼테크놀로지이자 공생지능을 키우는 미래 교육이다. 신체 활동을 통해 뇌의 감각을 깨우고, 정서 조절 능력을 기르며, 나아가 자신의 가치를 발견하도록 돕는다. 땀 흘려 움직이고 호흡하며 자기 내면을 바라볼 때, 아이들의 뇌는 비로소 살아 있는 정보를 받아들일 준비를 한다.

학교 교육 역시 근본적인 전환이 필요하다. 과거의 교육 모델이었던 지덕체智德體는 오늘의 현실과 맞지 않는다. 머리만 비대해진 지식 중심의 교육은 아이들을 무한 경쟁의 굴레로 몰아넣었다. 그 결과 친구를 경쟁자로, 자신을 성적이라는 숫자로만 인식하게 만들었다. 몸의 감각이 닫히고 가슴이 메마른 상태에서 주입되는 지식은 오히려 무기가 될 수 있다.

21세기 미래 교육은 '체덕지體德智'에서 출발해야 한다. 건강한 신체 활동을 통해 생명력을 회복하고(體), 그 토대 위에서 바른 인성을 함양하며(德), 그 힘으로 지식을 습득하여 활용하는(智) 교육으로 전환해야 한다.

뇌교육이 추구하는 공생지능은 단순한 도덕 교육이 아니다. 그것은 기후 위기와 전쟁, 불평등과 같은 지구적 난제를 해결하고, AI 기술을 인류의 평화와 번영을 위해 활용할 수 있게 하는 강력한 미래 역량이다.

대한민국이 직면한 세 가지 난제(저출산, 높은 자살률, 낮은 행복지수)의 해법 또한 여기에 있다. 우리가 공생지능을 통해 이 문제들을 극복한다면, 대한민국은 새로운 국가 모델을 제시할 수 있다. '공생지수'가 가장 높은 나라가 된다면, 그것이야말로 진정한 선진국이자 문화 국가로 나아가는 길이다.

인공지능과 공존하고 경쟁하게 될 첫 세대인 우리는 어떤 한국인의 가치를 물려줄 것인가.

우리 뇌에는 본래 모두를 이롭게 하고자 하는 '홍익'의 유전자가 깃들어 있다. 다만 과도한 경쟁과 스트레스로 그 감각이 무뎌졌을 뿐이다. 아이들이 교실과 가정에서 자기 몸을 느끼고 뇌의 주인이 되는 경험을 할 때 우리 사회의 극단은 완화될 수 있다.

인공지능과 경쟁할 필요는 없다. 인공지능을 도구로 활용할 수 있기 때문이다. 사람과 자연, 지구가 함께 살아가는 길을 모색하는 공생지능을 갖춘 인재가 필요하다. 그들이야말로 호모 코이그지스턴스의 시대를 여는 진정한 리더다.

한국은 더 이상 남을 따라가는 나라가 아니라, 인류 앞에 새로운 길을 제시해야 할 나라다. 우리 교육의 목표는 명문대 진학이 아니라, 공생의 감각을 지닌 '지구경영자'를 길러내는 데 있다. 뇌교육은 공생지능을 높이는 21세기 교육이다.

The Principles of **Brain Education**

3 뇌철학을 가진 나라

인류의 물질문명을 이끈 서양 과학은 20세기에 들어서야 인간 뇌의 기능과 구조를 과학적·의학적으로 탐구하기 시작했고, 그 과정에서 마음과 행동 변화의 열쇠로서 뇌에 주목했다. 그러나 고대 한국의 선조들은 수천 년 전에 이미 인간 뇌의 본질적 가치를 꿰뚫어 보고, 이를 삶의 원리이자 인재교육의 철학으로 삼아 실천하고자 했다.

한국의 고대 문헌인 《삼일신고三一神誥》 신훈神訓 편에는 '자성구자 강재이뇌自性求子 降在爾腦'라는 구절이 있다. 이를 풀이하면 '본성에서 찾으라. 이미 너희 뇌 속에 내려와 있다.'라는 뜻이다.

고대 한국의 사상은 하늘·땅·사람이 하나라는 '천지인天地人'의 세계관에 뿌리를 두고 있다. 그 안에서 몸과 마음은 분리되지 않는다는 '심신일원론心身一元論'이 형성되었고, 심신을 함께 단련하고 체득하는 수행 문화, 곧 선도仙道가 국가 인재 양성의 근간으로 자리 잡았다.

하늘·땅·사람이 하나로 연결되어 있다는 천지인 정신은 인간과 자연의 공존을 전제로 하여, 인간의 몸 또한 자연의 일부임을 강조한다. 선도에서 중시한 것은 단순한 지식이 아니라 '느낌'이며, 인간이 지닌 본래의 감각을 회복하는 데 그 목적이 있었다.

'차가운 에너지는 상승하고 뜨거운 에너지는 내려온다'는 수승화강水昇火降은 인체를 자연의 일부로 인식하고, 자연의 순환 원리를 따르는 선도의 수련 원리다. 오늘날 뇌교육은 이를 핵심 건강 원리로 계승하고 있다.

우리의 선조들은 예로부터 몸과 마음을 함께 닦는 수행을 삶의 근본으로 삼았다. 고구려와 신라는 조의선인과 화랑을 중심으로 이러한 심신 수련 전통을 국가 인재 양성의 기반으로 삼았다.

선도에서는 몸과 마음이 분리되어서는 안 된다고 본다. 인체를 몸과 마음을 연결하는 에너지를 포함한 '정精-기氣-신神'의 통합적 존재로 이해한다. 인체의 에너지 중심인 '단전丹田'은 상단전·중단전·하단전의 세 영역에 존재한다고 본다. 또한 '정은 충만하고, 기는 장하며, 신은 밝아진다'는 '정충기장신명精充氣壯神明'을 통해 개인의 의식 변화를 이끄는 원리를 제시한다. 현대적으로 발전한 뇌교육이 인체를 육체·에너지체·정보체의 세 차원으로 인식하고, 보이는 것과 보이지 않는 것을 연결하는 '에너지'를 핵심 기제로 삼는 것도 이러한 맥락에서다.

선도의 정신은 개인의 깨달음에 머무르지 않고 전체의 평화에 기여하는 삶을 지향하는 '성통공완性通功完'이다. 이는 천지인의 생명 존중 사상과 인간 의식 성장의 원리와 방법론을 아우르는 인간 완성학으로 이어진다. 따라서 뇌교육이 지향하는 인재상은 '널리 인간을 이롭게 한다'는 단군조선의 건국이념인 '홍익인간' 사상에 그 뿌리를 두고 있다.

이러한 사상과 수련 체계는 오늘날 뇌교육의 철학적·방법론적 기반이 되었다. 그 중심에는 뇌교육의 핵심 원천기술인 '뇌운영시스템(Brain Operating System, BOS)'이 있다. 선도 사상은 1990년 설립된 한국 최초의 뇌연구소인 한국뇌과학연구원의 설립 이념 '강재이뇌降在爾腦'로 계승되었다. 한국뇌과학연구원은 2007년 유엔경제사회이사회(UN-ECOSOC) 협의지위기관으로 승인되어 국제적 공신력을 확보하였다.

21세기 뇌교육 시대의 도래는 현대 과학의 핵심 분야라 할 수 있는 뇌과학의 발달과 함께 인간 뇌에 대한 이해가 높아진 시대적 흐름 속에서 이루어졌다. 뇌과학이 뇌의 원리와 기능을 밝히고, 뇌공학이 기술적 응용을 확장한다면, 뇌교육은 누구나가 가진 뇌를 이해하고 올바르게 활용하는 '두뇌 사용 설명서'라 할 수 있다.

이러한 흐름 속에서 뇌교육은 학문적 체계를 갖추기 시작했다. 2003년 뇌교육 석·박사 과정이 교육부 인가를 받으며 학문적 기반이 마련되었고, 2010년에는 학사 과정까지 개설되면서 학사·석사·박사 전 과정을 아우르는 교육 체계가 완비되었다. 같은 해 두뇌훈련 분야의 브레인트레이너 자격이 국가 공인을 받으며 뇌교육은 이론과 자격 제도를 겸비한 학문으로 자리 잡았다.

뇌교육은 21세기 뇌융합 시대를 맞아 뇌 관련 지식을 통합하여 인간의 본질적 가치를 자각하고 삶 속에서 이를 실현하는 철학과 원리, 방법을 연구하는 융복합 학문이다. 동시에 인간 삶의 질을 높이는 휴먼테크놀로지로 발전하고 있다.

　뇌교육의 목적은 단순히 뇌 기능을 탐구하는 데 있지 않다. 누구나 지닌 뇌를 어떻게 올바르게 활용할 것인가에 대한 물음에 답을 찾아가는 데 있다. 대한민국은 세계에서 가장 뇌를 잘 활용하는 국가가 될 수 있는 자산을 갖고 있다.

2장

뇌교육의 이해

The Principles of
Brain Education

The Principles of **Brain Education**

1 | 인간과 뇌

뇌의 가치

뇌는 사람들이 생각하는 것보다 훨씬 놀라운 능력을 지니고 있지만 완벽하지는 않다. 오히려 구조적으로나 기능적으로 매우 불안정하고 허술하다. 바로 이 점이 우리가 뇌를 알아야 하고, 잘 활용해야 하는 이유다.

뇌를 안다는 것은 인간을 이해하고 현상을 바라보는 새로운 눈을 갖는 것을 의미한다. 그 눈으로 자기 자신과 세상을 바라보면 지금까지 보이지 않던 것이 보이고, 새로운 깨달음을 얻게 된다.

뇌를 알기 위해 뇌의 해부학적 구조와 기능을 모두 상세히 익힐 필요는 없다. 물론 뇌에 관한 기본적인 지식은 필요하지만, 뇌교육은 지식을 축적하는 것이 아닌 활용하는 데 목표를 두기 때문이다. 다만 뇌교육을 이해하려면 뇌가 어떤 기관이며 어떤 방식으로 작동하는지에 관한 최소한의 이해는 필요하다.

마음이 아프면 자기도 모르게 가슴에 손을 얹는다. 그러나 마음은 심장이 아니라 뇌의 활동이라는 사실을 이제는 누구나 알고 있다. 자율신경계의 지배를 받는 오장육부의 내장 기관 역시 뇌에서 내려오는 정보를 전달받도록 척수와 긴밀하게 연결되어 있다. 그래서 폐가 아무리 튼튼해도 뇌의 호흡중추에 문제가 생기면 숨을 쉴 수 없고, 스트레스가 심하면 소화 기능에도 문제가 나타난다.

뇌와 연결된 몸의 다른 부위도 마찬가지다. 피아니스트의 손가락에 문제가 없어도 기억을 담당하는 뇌 부위가 손상되면 연주를 할 수 없고, 근육이 잘 발달한 운동선수라 해도 소뇌에 이상이 생기면 똑바로 서 있는 것조차 어려워진다. 이처럼 몸과 뇌는 하나의 신경계로 긴밀하게 연결되어 있다.

몸뿐 아니라 성격, 습관, 재능과 같은 정신적 특성 역시 뇌의 신경 활동에서 비롯된다. '나'를 형성하는 그 모든 것에 뇌가 일일이 관여하고 있다. 그런데도 우리는 뇌를 특별히 의식하면서 살아가지 않는다. 뇌에 관해 충분히 알지 못하기 때문이다.

뇌가 하는 일을 한마디로 말하면 '정보처리'다. 뇌는 이를테면 하나의 '정보처리 센터'라 할 수 있다. 뇌의 입장에서는 외부 환경은 물론 몸 역시 바깥에 해당한다. 이 바깥에서 들어온 정보는 뇌에 전달되고, 뇌는 그에 반응하여 정보를 적절히 처리한다.

예를 들어 빨갛게 잘 익은 사과를 보면 그 정보가 뇌의 시각 피질로 전달된다. 이어서 식욕 중추가 자극되어 '먹고 싶다'라는 욕구가 일어난다. 그러면 전두엽(뇌의 앞부분으로 계획, 문제 해결, 행동 조절 기능에 관여한다)에서 '깎아 먹자'라고 판단하고, 동시에 '과도를 가져오라'는 운동 명령이 근육으로 전달된다.

그런데 눈앞에 사과가 있어도 다른 생각에 빠져 있다면, 즉 뇌가 다른 정보를 처리하느라 바쁜 상태라면 사과를 보고 있으면서도 그 존재를 인식하지 못한다. 실제로 존재하는 것도 뇌가 감지하지 못하면 없는 것과 같고, 실제로 일어나지 않은 일도 뇌는 마치 진짜 있었던 일처럼 기억할 수 있다. 결국 모든 것은 뇌가 어떻게 정보를 처리하느냐에 달려 있다.

일체유심조一切唯心造. '모든 것은 오로지 마음에서 비롯된다'라는 불교의 가르침을 현대 뇌과학의 언어로 입증한 셈이다. 실제로 우리의 인식과 경험은 뇌의 정보처리 과정에서 구성되기 때문이다. 정신일도 하사불성精神一到 何事不成. '정신을 한 곳에 집중하면 이루지 못할 일이 없다. 즉 간절히 원하면 이루어진다'라는 말이다. 뇌의 메커니즘을 이해하면 이 말이 뇌가 작동하는 원리를 그대로 드러낸 표현임을 알 수 있다.

뇌는 원하는 목표를 이루기 위해 쉬지 않고 작동한다. 목표를 이루기 위한 뇌의 집중력은 우리가 상상하는 것 이상이다. 우리의 상상이 의식의 차원에 머문다면, 뇌의 집중력은 무의식의 차원에서 더 강력하게 작용하며 목표를 향해 끈질기게 나아간다.

이러한 뇌의 역동성은 뇌의 가장 큰 특성인 가소성에서 비롯한다. 가소성이란 말랑말랑한 찰흙처럼 외부의 힘에 따라 형태가 달라지는 성질을 말한다. 자극을 적극적으로 받아들이고 그에 맞추어 유연하게 신경회로를 재구성하는 뇌의 가소성 덕분에 인간은 태어나서 죽을 때까지 평생에 걸쳐 변하고 성장할 수 있다.

이 밖에도 뇌는 매우 흥미로운 특성들을 지니고 있다. 그중 하나는 뇌는 본래 몸의 필요에 따라 생겨났지만, 진화를 거듭하는 과정에서 몸의 필요를 넘어서는 독자적인 욕구를 갖게 되었다는 점이다. 때로는 몸의 사정에는 아랑곳하지 않고 뇌의 욕구가 거침없이 앞서기도 한다. 건강을 해칠 만큼의 식욕이나 성욕, 약물 중독은 물론 스스로 생을 마감하는 선택이나 대의명분을 위해 죽음을 택하는 순교까지도 그러한 사례라 할 수 있다.

이처럼 몸을 넘어서는 욕구를 지닐 만큼 인간의 뇌는 다른 생물종들에 비해 비약적으로 진화했다. 대부분의 동물이 생존에 필요한 수준의 신경계를 갖춘 데 비해, 인간은 몸무게의 2%에 불과한 뇌가 전체 에너지의 약 20%를 소비할 정도로 발달했다. 그 결과 인간은 지적으로 크게 도약하여 놀라운 문명을 창조했지만, 한편으로는 다른 생물종들이 환경에 적응해 살아가는 것과 달리 지구 환경을 착취하지 않고서는 살아가기 어려운 존재가 되었다. 인간을 제외한 대부분의 생물은 맨몸으로 살아가지만, 인간은 생활에 필요한 물건을 끊임없이 만들어내고 소비하며 이를 위해 평생 노동한다. 이것이 오랜 진화 과정을 거쳐온 인간의 뇌가 오늘날 마주한 현실이다.

이러한 상황에 매몰되지 않고 위대한 창조성이 깃든 뇌의 본래 가치를 실현하려면, 무엇보다 뇌의 주인이 되어 이를 제대로 활용해야 한다.

뇌 기능에 대한 이해

우리가 하는 모든 생각과 느낌, 행동은 뇌 속의 정보에 따라 일어나는 현상이다. 그러므로 뇌를 안다는 것은 자신의 뇌가 정보를 어떻게 처리하는지를 아는 일이다.

자기 뇌의 정보처리 방식을 파악하려면 먼저 자신의 습관을 살펴보면 된다. 먹는 방식, 몸을 쓰는 습관, 좋아하고 꺼리는 것, 사람과 관계를 맺는 태도, 갈등이나 분노를 다루는 방식은 물론 경쟁, 대립, 규칙, 업무, 돈, 소비, 운전 등 삶과 관련된 여러 영역에서 자신이 어떤 태도와 습관을 지니고 있는지 돌아보는 것이다. 예를 들어 '분노'를 떠올려 보자. 어떤 상황에서 쉽게 화를 내는지, 화가 나면 어떻게 행동하는지, 그리고 그 이후 어떤 감정을 경험하는지를 차분히 살펴보면 된다. 이렇게 하나씩 자신의 습관을 점검하다 보면 정보처리 패턴이 드러난다.

성격이나 인격도 크게 보면 하나의 습관이다. 흔히 성격이나 인격은 잘 바뀌지 않는다고 생각하지만, 이것의 실체가 습관의 총합임을 이해하면 습관적인 정보처리 방식을 바꾸는 것만으로도 성격과 인격은 달라질 수 있다.

정보처리 방식을 바꾸는 가장 효율적인 방법은 낡은 방식을 없애는 것이 아니라 새로운 방식을 만드는 것이다. 그러나 오래도록 익숙해진 방식을 내려놓는 일도, 새로운 방식을 익히는 일도 분명 쉽지 않다. 심장 혈관에 문제가 생겨 혈관을 이식하는 관상동맥 우회술을 받은 환자들 가운데 의사가 아무리 권고해도 평소의 생활 습관을 바꾸지 못하는 사람이 전체 환자의 90%를 넘는다고 한다. 담배를 끊고, 식습관을 개선하며, 운동량을 늘리지 않으면 생명이 위태롭다는 의사의 경고에도 결국 생활 습관을 바꾸지 못하는 것이다.

습관의 뇌회로는 굵은 밧줄처럼 강하게 연결되어 있어 이를 끊으려 하면 뇌는 즉각 저항한다. 해당 회로뿐 아니라 그와 연결된 다른 회로들까지 지금껏 유지해 온 균형을 다시 맞춰야 하기 때문이다. 이러한 뇌의 저항은 흔히 불안감이나 회피 반응으로 나타난다.

인간의 의식과 행동 변화에 대한 이론은 그동안 주로 심리학에 근거해 설명해 왔지만, 이제는 뇌과학이 밝혀낸 뇌의 메커니즘을 토대로 더 구체적으로 설명할 수 있게 되었다. 우리 뇌는 약 1천억 개의 신경세포가 거의 무한에 가까운 연결 회로를 이루며 거대한 신경 네트워크를 형성한다. 각각의 뇌회로는 하나의 길과 같다. 오솔길처럼 희미한 것부터 고속도로처럼 큰 줄기를 이루는 것까지, 뇌회로는 다양한 형태와 강도로 뻗어나간다.

길이 여러 갈래로 나 있어도 사람은 익숙한 길로만 다니기 마련이다. 뇌도 마찬가지로 자주 사용하는 회로를 반복해 쓰는 경향이 있다. 같은 회로를 계속 활성화하는 것, 이것이 곧 습관이다. 뇌에는 이러한 습관 회로가 촘촘히 자리 잡고 있다. 하루 동안 자신이 하는 행동을 하나씩 떠올려 보면, 대부분이 의식적인 선택이라기보다 습관적 반응임을 알 수 있다. 먹고 자고 배설하는 기본적인 활동은 물론, 움직이고 말하고 생각하고 느끼는 일들까지도 대개는 일정한 패턴 속에서 이루어진다.

사실 이러한 습관화는 인간이 안전하게 생존하기 위해 꼭 필요한 기능이다. 습관이 형성되지 않는다면 우리는 매번 모든 행동을 처음처럼 새로 익혀야 하고, 일상은 유지되기 어려울 것이다.

그러나 자신이 원치 않는 습관에 매여 문제가 생긴다면, 그 상태에서 되도록 빨리 벗어나야 한다. 담배 피우는 습관, 만취할 때까지 술을 마시는 습관, 이성을 사귈 때마다 비슷한 패턴으로 만나고 헤어지는 습관, 약속 시간에 늦는 습관 같은 '중독성 습관'이 대표적이다. 또 평소에는 의식하지 못하다가 어느 순간 타성에 빠진 자기 모습을 발견할 때도 우리는 그 상태에서 벗어나고 싶어 한다.

습관에서 벗어나는 방법은 앞서 말했듯이 기존의 습관을 없애는 것이 아니라 새로운 습관을 만드는 것이다. 오래된 습관의 길을 이루고 있는 뇌회로를 당장 없애려 하기보다 그 주변에 새 회로를 형성하고 이를 자주 사용하면 된다. 새로운 회로가 자주 활성화될수록 연결은 점점 단단해지고, 오래된 회로는 차츰 힘을 잃게 된다.

우리 뇌는 정보를 활용해 스스로 회로를 만들기도 하고 없애기도 한다. 이러한 뇌 가소성 덕분에 인간은 선택할 수 있는 존재가 되었고, 선택한 것을 현실로 이루어내는 창조력을 키울 수 있었다. 선택하면 이루어지는 창조성은 뇌를 가진 사람이라면 누구나 지닌 능력이다. 따라서 본래 좋은 뇌와 나쁜 뇌가 따로 있는 것은 아니다. 모든 뇌는 창조적 속성만으로도 이미 위대하다. 다만 창조성을 스스로 믿지 못한다면, 그 가능성은 충분히 발휘되지 못한다. 결국 뇌가 제 기능을 얼마나 발휘하는가는 뇌를 사용하는 사람의 선택에 달려 있다.

인간성과 신성

이제 자신의 뇌를 새롭게 인식하게 되었는가? 두개골에 싸여 보이지 않기 때문이거나 과학자들조차 아직 완전히 밝혀내지 못했기 때문이라고 해서 자신의 뇌를 몰라도 되는 것은 아니다. 우리가 인식하지 못하는 동안에도 뇌는 모든 생각과 행동에 관여하며 우리를 어디론가 이끌어가기 때문이다. 이 조용하지만 막강한 존재의 실체를 알지 못하면 우리는 목적지도 모른 채 물살에 떠밀려가는 조각배와 같은 처지에 놓이기 쉽다.

이 조용한 권력자를 알아야 하는 이유는 그 힘과 능력을 제대로 활용하기 위해서다. 뇌는 고도로 정교하게 설계된 기관으로 일종의 자동 항법 장치를 갖추고 있다. 목적지가 분명하지 않거나 일부 기능에 문제가 생겨도 기본적으로 설정된 체계에 따라 작동한다. 그러나 이는 막대한 첨단 기능을 갖춘 슈퍼컴퓨터로 단순한 인터넷 서핑만 하는 것과 다를 바 없다. 뇌를 더욱 활발하게 작동시키려면 사용하는 사람이 뇌의 작동 원리를 이해하고, 목적지를 명확하게 설정하며, 항로를 조정할 수 있어야 한다.

이러한 뇌를 활용하는 감각은 개인의 삶은 물론 인류의 미래를 좌우할 만큼 중대한 능력이다. 뇌를 이해하고 활용하는 데 필요한 지식과 기술을 종합한 것이 바로 뇌교육이다.

뇌의 역사는 인간의 역사보다 훨씬 길다. 약 35억 년 전 지구에 최초의 세포가 출현하고, 그로부터 약 30억 년이 더 지난 뒤에야 다세포 생물이 등장한다. 단세포들이 모여 다세포 생물을 이루자 세포들 사이에는 협력과 조정을 위한 연락 체계가 필요해진다. 외부에서 들어오는 신호를 각 세포에 전달해 같은 방향으로 움직이게 하는 이 체계가 바로 뇌의 시초라 할 수 있다.

이후 생명체의 진화는 점차 속도를 더해가고, 공룡과 같은 거대한 동물이 나타나 지상을 장악한다. 그러나 몸집에 비해 뇌가 매우 작았던 공룡은 결국 생존에 실패한다. 수많은 종이 나타났다 사라지기를 거듭하던 가운데, 이번에는 몸집에 비해 전례 없이 큰 뇌를 가진 독특한 종이 출현한다. 마침내 인간이 지상을 걸어 다니기 시작한 것이다.

인간은 다른 동물보다 큰 뇌를 이용해 성공적인 사냥법을 익히는 데서 멈추지 않고 언어, 종교, 사상, 학문, 제도 같은 장치를 끊임없이 창조해 냈다. 그런데 인간의 뇌가 이토록 발달했음에도 인류는 아직 건강하고 행복하며 평화로운 삶을 누리는 데 성공하지 못했다. 엄청난 능력을 지닌 뇌를 가지고도 우리는 왜 여전히 갈등과 불행 속에서 살아가는 것일까? 도대체 무엇이 잘못된 것일까?

건강하고 행복하고 평화로운 삶은 모든 인간이 바라는 이상적인 삶이다. 이러한 상태를 바라는 인간의 마음은 이심전심以心傳心의 인간성을 형성한다. 모든 생물체 가운데 가장 크게 발달한 인간의 뇌에는 진화의 긴 역사에 새겨진 흔적이 모두 들어 있다. 미물의 특성에서부터 동물의 특성인 수성獸性, 만물의 영장으로서의 인간성, 그리고 우주 만물을 창조한 위대한 법칙으로서의 신성神性까지 인간의 뇌는 이 모든 특성을 함께 지니고 있다.

이 다채로운 특성은 1.4킬로그램짜리 뇌 속에 혼재되어 언제든지 자신의 존재감을 드러내려 한다. 수성부터 신성까지의 특성이 저마다 작용하는 인간의 뇌란 얼마나 흥미롭고도 위태로운가.

그래서 뇌에는 지휘자가 필요하다. 노련한 지휘자가 뇌의 온갖 특성을 조화롭게 끌어낼 때 훌륭한 화음을 이루는 연주가 가능하다. 특히 신성의 화음은 많은 이들에게 감동을 전한다.

수성은 무조건 억눌러야 하는 나쁜 성질을 뜻하는 것이 아니라 생존 본능에 충실한 욕구를 이른다. 생존 본능은 언제나 깨어 있어 민첩하게 작용해야 하지만, 이기적인 탐욕을 제어하는 양심, 즉 신성이 함께 깨어 있어야 인간성을 거스르는 행위를 피할 수 있다. 창조적 본성으로서의 신성이 깨어난 사람은 마땅히 창조성을 발휘하게 되어 있다. 또한 양심이 살아 있는 사람은 용감하다. 양심대로 사는데 무엇이 두렵겠는가. 양심이 살아 있는 사람은 자신감 있게 자신의 창조성을 드러낸다. 양심이 살아 있는 사람은 당당하고 적극적이다. 양심이 뇌의 주인 자리에 있기 때문이다.

양심대로 사는 세상, 그것이 좋은 세상이며 평화로운 세상이다. 양심대로 사는 사람이 홍익인간이고, 양심대로 살 수 있는 세상이 이화세계다.

그런데 지금의 세상은 왜 양심이 밝게 살아나지 못하는가? 피해의식, 죄의식, 두려움, 소외감을 키우는 문화가 사회를 지배하고 있기 때문이다. 특히 양심을 키워주는 살아 있는 교육을 찾기 어렵다. 요즘 교육은 오히려 피해의식을 심어주고 자신감을 죽이는 방향으로 가고 있다. 모든 것을 시험 성적으로 환산하는 무한 경쟁 속에서 자신이 부족하고 못난 사람임을 확인하게 하는 교육이다. 양심을 키워 창조적으로 자신의 가치를 실현하도록 이끌기는커녕 '넌 안 돼!' 하고 부정적으로 판정해버린다. 이런 교육을 받은 아이들이 성인이 되어 이끄는 사회는 과연 어떤 모습이 되겠는가?

사람들은 관념과 논리, 감정과 욕망, 경쟁심 때문에 늘 싸우지만 양심 때문에 싸우지는 않는다. 양심을 잃어버렸기 때문에 양심 때문에 싸울 수 없는 것이다. 양심을 잃은 시대, 인간성을 상실한 시대에 무슨 수로 건강하고 행복하고 평화로운 삶을 누리겠는가?

　종교가 생기기 전, 국가가 만들어지기 전의 본래 마음, 본성을 억압하는 관념에 물들지 않은 근원의 마음이 우리 안에 있다. 양심 또는 신성으로 불리는 이 마음을 되찾을 때 인류는 희망찬 미래의 역사를 계속 써나갈 수 있을 것이다.

The Principles of **Brain Education**

2 뇌교육이란 무엇인가?

교육의 본질

인간에게 왜 '교육'이 필요할까? 교육학에서 교육이란 인간의 가치를 높이는 과정이라고 정의한다. 이 밖에도 교육에 대한 정의는 시대와 문화, 그리고 학자에 따라 다양하게 규정되어 왔다. 하지만 교육의 정의가 어떻든 교육의 본질은 변하지 않는다. 교육의 본질을 규명하는 것은 '교육을 왜 하는가'라는 질문에 답하는 것과 같다.

교육의 가장 본질적인 목적은 인간이 추구하는 행복한 삶을 실현하는 데 있다. 교육을 통해 지식을 쌓고 능력을 개발하며 규범을 익히고 협력하는 태도를 길러 행복한 삶의 여건과 환경을 갖추게 하는 것이다.

그러나 현대의 교육은 급속한 사회 변화 속에서 나날이 경쟁이 심화하는 구도로 빠져들었고, 그에 따라 교육의 본질에서 한참 벗어나고 말았다. 인간의 뇌가 지닌 전체적인 가치를 간과한 채 교육이 지식 경쟁에 과도하게 치우친 결과, 교육을 통해 오히려 뇌의 불균형이 조장되는 상황이 벌어지고 있다. 그리고 우리는 그 불균형에서 비롯된 온갖 문제들 속에서 전전긍긍 살아가고 있다.

그렇지만 인간이 행복한 삶에 대한 기대를 접는 일은 절대 일어나지 않을 것이다. 인간의 뇌 자체가 궁극적으로 행복을 갈구하도록 설계되어 있기 때문이다. 인간이 그토록 원하는 행복, 그 어떤 역사적 암흑기에도 사라지지 않고 강렬하게 불타올랐던 욕구, 불행한 삶보다는 차라리 죽음을 선택할 만큼 절대적인 의지, 물질적인 풍요로움에 절대 비례하지 않는 느낌인 '행복'의 정체는 무엇인가?

대개 사람들은 행복이 무엇이라고 생각하느냐고 물으면 얼른 답하지 못한다. 흔히 안정감, 만족감, 즐거움, 좋은 느낌, 쾌

락, 풍요로움 같은 단어를 머릿속에 떠올리지만, 그것이 곧 행복이라고 하기에는 어딘지 부족하다고 느낀다. 누구나 행복을 원하면서도 정작 행복한 상태가 어떤 것인지, 어떤 때에 행복하다고 느끼는지, 행복감을 얻으려면 어떻게 해야 하는지는 잘 알지 못한다. 이는 결국 자기 자신을 잘 모르는 것이기도 하다. 내가 어떤 사람이고 원하는 바가 무엇인지 알지 못하면 '행복'이라는 욕구를 막연히 좇을 뿐, 행복을 적극적으로 창조할 수는 없다.

행복이 무엇인가, 어떻게 하면 행복할 수 있는가 하는 물음은 철학의 기본 명제이기도 하다. 철학사에 이름을 남긴 모든 철학자가 이 문제에 천착해 궁극의 답을 찾고자 했다. 행복에 관한 이 두 가지 물음은 본질적으로 인간은 어떤 존재인가, 어떻게 살아야 하는가 하는 물음과 같다. 이 물음에 답하는 과정에서 국가의 역할이 규정되고, 이념이 출현하고, 각종 사회 제도들이 만들어졌다. 교육도 그렇게 해서 탄생한 제도 가운데 하나다. 교육은 인간에 대한 존재론적 고민을 기반으로 하는 한편, 사회를 유지하고 발전시키는 데 필요한 인간상을 설정하여 그에 따른 교육 과정을 개인에게 적용해 왔다. 그렇게 함으로써 개별자로서 자아를 실현하는 인간, 사회에 필요한 기능과 태도를 습득한 존재로서의 인간을 길러내고자 했다. 이는 서로 상충하는 목표가 아니지만 사회가 점점 더 복잡하고 치열한 경쟁 체제로 빠져들면서 교육은 본질적인 목표, 즉 행복한 삶을 위한 자기 계발이라는 목표를 놓치고 말았다.

교육의 중심에 인간이 놓이지 못하고, 사회의 중심에 올바른 교육이 자리하지 못하는 현실은 그 어떤 문제보다 심각한 일이다. 인류 사회의 미래를 담보할 기반을 무너뜨리는 일이기 때문이다. 지금의 사회는 자본과 기술에 따라 움직이는 것처럼 보이지만, 그것은 시시각각 변하는 도구에 지나지 않는다. 사회의 진정한 기반을 이루는 것은 자본과 기술을 운용하는 사람, 그리고 그것을 운용하는 태도를 기르는 교육이다. 올바른 교육을 통해 자신의 가치, 생명의 가치를 알고 이를 실현하고자 하는 사람들이 길러져 우리 사회의 구성원을 이룰 때, 모두가 희망하는 행복하고 평화로운 사회가 열릴 것이다.

인류 사회의 미래를 위해 가장 시급하고 중요한 일은 무엇보다 교육의 본질을 회복하는 것이다. 그렇게 함으로써 행복한 삶, 평화로운 사회를 향해 인류가 한 걸음 한 걸음 더 확고하게 나아갈 수 있다. 뇌교육은 바로 그것을 위해 시작된, 오래고도 새로운 교육이다.

뇌교육에서는 행복을 매우 명확하게 정의한다. 행복이란 '뇌의 현상'이다. 행복은 외부 조건에 따라 반사적으로 일어나는 감정 반응이 아니라 정보에 대한 뇌의 주체적인 반응이라는 의미다. 행복뿐만 아니라 모든 느낌이나 감정은 정보 자극에 따라 일어나는 뇌의 현상이다. 이러한 뇌의 작용을 알면 행복의 실체를 볼 수 있고, 행복을 적극적으로 창조할 수도 있다.

행복감도 불행감도 뇌가 선택하여 만들어낸 현상이라면, 뇌에서 일어나는 여러 느낌이나 감정 반응을 스스로 조절할 수도 있을 것이다. 좋은 기분을 느끼고 싶다면 뇌에서 그런 반응이 일어나게 하는 자극을 주면 된다. 음악을 듣거나 좋아하는 사람과 대화를 나누거나 산책하는 것 등이 그 예라고 할 수 있다. 건강해지고 싶다면 건강을 해치는 뇌의 현상, 예를 들면 흡연이나 음주 같은 중독성 습관을 없애고 좋은 식습관과 운동하는 습관을 들이면 된다. 또 성취감을 느끼고 싶다면 청소나 독서처럼 작정하면 해낼 수 있는 일을 계획하고 실행함으로써 스스로 자신에게 성취감을 선물할 수 있다. 뇌의 입장에서는 대단한 일이든 사소한 일이든 성취감을 체험하는 그 자체가 중요하다. 작은 일에서 얻은 성취감이라 할지라도 이를 체험한 뇌는 그만큼 자신감을 키우게 되고, 다음 성취를 위해 새로운 계획을 세우고 실행할 힘이 생긴다.

인류 평화 같은 거대한 문제의 해법도 이와 다르지 않다. 평화에 장애가 되는 우리 뇌의 현상을 바꿈으로써 마침내 해결책이 불가능해 보이는 복잡한 문제도 그 실마리를 찾을 수 있다.

인간이 느끼는 것은 이렇듯 모두 뇌의 현상이다. 행복한 삶 역시 눈에 보이는 객관적 현실로 실재하는 것이 아니라, 머릿속에 하나의 '주관적 현상'으로 존재한다. 외적 조건은 어떤 것이든 단지 '자극'으로 작용할 뿐이고, 그 자극을 처리하는 방식에 따라 뇌에서 주관적으로 '현상'이 만들어진다. 삶의 조건은 너무 다양하고 불안정해서 늘 우리의 삶을 위협하는 것처럼 보인다. 그래서 우리가 그토록 염원하는 행복한 삶이란 조건만으로는 결코 도달할 수 없는 영역이며, 오로지 우리 뇌 속에만 존재하는 주관적인 세계다.

뇌의 정보처리 방식을 이해하고 뇌의 현상을 주체적으로 창조하는 감각을 키우는 것, 이것이 뇌교육을 통해 얻고자 하는 성과다. 뇌교육은 뇌과학적 이론에 몸과 의식을 단련하는 기술과 철학을 접목해 뇌를 개발하고, 자기 뇌를 적극적으로 활용하는 감각을 키움으로써 궁극적으로 인간 완성이라는 최고의 가치를 지향한다. 이렇게 볼 때, 교육이 '인간학'이라면 뇌교육은 '인간 완성학'이라고 할 수 있다.

뇌교육의 정의

교육의 본질을 통해 뇌교육이 무엇인지 먼저 살펴보았다. 그런데 실상 뇌교육은 교육의 틀 속에 넣어서 정의할 수 없는 통합 학문적 성격을 띠고 있다. 뇌교육은 뇌에 관한 제반 지식을 융합하여 인간의 건강, 행복, 평화를 실현하는 학문이다. 뇌에 관한 제반 지식이란 뇌과학을 중심으로 생리학, 심리학 등 인간의 육체와 정신 작용에 관해 탐구하는 학문을 두루 일컫는다.

그러나 건강, 행복, 평화와 같은 가치를 실현하는 데는 지식 정보와 더불어 체험 정보가 꼭 필요하다. 체험 정보란 감각 체험을 통해 깨어나는 본성의 정보를 말한다. 인간의 무의식층까지 포함하는 체험 정보가 지식 정보와 결합할 때 비로소 실질적으로 가치를 실현할 힘을 발휘할 수 있다.

한 사람의 가치를 결정하는 것도 그 사람이 지식 정보를 얼마나 갖고 있느냐가 아니라, 체험 정보가 어떻게 작용하는가에 달렸다. 그렇다면 체험 정보의 작용을 어떻게 알 수 있을까? 그것은 그 사람이 가장 중요하게 여기는 선택의 기준이 무엇인지를 보면 된다.

우리의 삶은 끊임없는 선택의 연속이다. 일상에서의 매 순간 또는 절체절명의 순간에 어떤 선택을 하는가는 한 개인의 전 인격이 작용한 결과다. 한 사람의 선택 기준에 따라 그의 인생이 구성되고, 구성원들의 선택 기준에 따라 그들이 속한 집단이 운영된다. 또한 인류의 선택 기준에 따라 역사가 만들어지고 미래가 창조된다. 선택의 기준은 개인의 삶은 물론 인류 역사의 향방을 가르는 중요한 요인으로 작용한다. 그렇다면 선택의 기준은 어떻게 만들어지는가?

한 사람의 인성과 사고 체계를 형성하는 데는 유전 정보에서부터 환경 정보까지 수없이 많은 정보가 개입한다. 그런데 그 숱한 정보들 가운데 나를 움직이게 하는 정보, 내 머릿속에 항상 불이 들어와 있는 정보, 내 운명을 이끄는 핵심적인 정보가 있다. 이 핵심 정보가 바로 삶을 판가름하는 절대적인 선택의 기준이 된다. 그런데 이 핵심 정보는 인간의 본성에 뿌리 내린 나무와 같아서 누구에게나 비슷한 성질을 띤다. 그 나무를 얼마나 튼튼하게 잘 가꾸느냐는 사람마다 차이가 있지만, 본성의 나무라는 점에서는 모두 공통된 뿌리를 가진다.

이렇듯 타고난 본성의 정보, 모든 선택의 가장 중요한 기준이 되는 것, 그것은 바로 '양심'이다. 양심이라는 체험 정보가 살아날 때 인간은 비로소 두려움을 넘어 주체적으로 정보를 선택하고 창조하며 살아갈 수 있다.

양심은 흔히 정직한 마음 또는 옳고자 하는 의지로 이해되지만, 본성의 정보로서의 양심은 그보다 더 큰 의미를 담고 있다. 양심은 빛처럼 밝은 마음이다. 양심은 그 무엇으로도 완전히 가리거나 외면할 수 없는 우리 내면의 밝은 빛이며 온전한 앎이다. 인간은 누구나 이런 마음의 바탕을 타고난다. 우리 뇌에는 이 같은 정보가 본래 입력되어 있고, 의식이 성장함에 따라 자연스럽게 깨어나 작동하게 되어 있다.

본성의 정보인 양심은 누구에게나 있지만 그것에 불이 들어와 있는가 아닌가, 선택의 기준으로 작용하는가 아닌가에 따라 삶의 질이 크게 좌우된다. 양심에 불이 들어와 있지 않으면 욕망과 이기심이 힘을 얻고, 그것이 선택의 기준이 되면 불행히도 삶의 진정한 꿈과 희망을 찾을 수 없게 된다. 양심의 빛이 흐려진 사람은 자신이 욕망하는 것이 꿈이고 희망인 줄 안다. 하지만 그런 꿈과 희망은 삶을 나아가게 하는 힘이 되지 못하고, 시시때때로 바뀌기도 한다. 양심의 빛이 밝게 살아 있을 때라야 뇌의 능력을 최대치로 끌어올릴 진정한 꿈과 희망을 발견할 수 있다.

양심은 등대처럼 우리의 에고를 비춘다. 그래서 이기적인 욕망이 차고 올라오지 않도록 늘 경계하며 뇌를 조율한다. 우리 삶의 가치를 지키는 양심의 등대는 언제나 환하게 밝혀져 있어야 하지만, 때로는 전원이 꺼져 불이 들어오지 않는 경우가 있다. 또 어떤 때는 에고가 너무 강해서 감정과 욕망의 어두움이 양심의 빛을 가리기도 한다.

양심의 감각은 누구에게나 있지만 그렇다고 언제나 자동으로 작동하지는 않는다. 등불의 심지를 돋우듯 양심의 감각을 살려야 양심이 밝게 빛나며, 멀리까지 그 빛을 비출 수 있다. 양심은 이렇듯 우리 삶을 지키는 중심가치이자, 뇌가 정보를 처리하는 가장 중요한 기준이 되는 핵심 가치다.

인류사에 성인으로 기록된 이들은 보통 사람들과 달리 매우 특별한 뇌를 가졌을까? 추종자들이 사후에 신격화했을 뿐, 생전의 그들은 당대인들과 다름없는 인간이었고, 지금의 우리와도 다를 바 없는 뇌를 가지고 있었다. 각기 다른 문명권에 속해 있었지만, 그들이 일생을 통해 보여준 위대함이란 그 누구보다 양심을 밝히고 끝까지 지켜낸 삶, 바로 그것이었다. 이들 자신은 어떤 종교에도 속하지 않았으며, 오로지 양심을 후광처럼 빛내며 다른 사람도 그렇게 양심을 밝히도록 도왔다. 위인으로 일컬어지는 역사적인 인물들 또한 양심을 기준으로 다시 돌아보면 양심이 살아 있는 사람, 양심에 따라 일생을 당당하게 산 사람들이었다고 할 수 있다.

　성인이나 위인이라고 해서 그들의 뇌가 보통 사람들과 달랐던 것은 아니다. 그들은 물론 보통 수준을 훨씬 뛰어넘는 훌륭한 재능을 가진 사람들이었지만 그들의 가장 특별한 점은 양심대로 사는 힘, 양심을 끝까지 지켜낸 힘이라고 할 수 있다. 양심의 심지는 누구에게나 주어지지만, 그것에 불을 밝히고 언제나 불빛이 환하게 타오르도록 지키는 것은 누구나 해낼 수 있는 일이 아니다. 그래서 양심을 밝히는 감각과 양심을 지킬 힘을 기르는 훈련이 필요하다.

양심을 밝힌다는 것은 곧 큰 사랑, 자비, 어진 마음, 평화로운 마음, 홍익 정신 같은 신성神性이 반영된 인간 본성의 정보를 깨우는 일이다. 깨달음 또한 이와 다르지 않다. 흔히 깨달음을 초자연적인 능력을 터득하는 것으로 생각하는 경우가 많은데, 깨달음이라고 할 때 과연 무엇을 깨닫는다는 것일까? 진리를 깨닫고, 진리를 실천하는 힘을 갖는 것 아니겠는가? 이는 양심을 알고 양심대로 사는 것과 다를 바가 없다. 양심을 아는 것이 깨달음이고, 양심대로 사는 사람이 도인이며, 사람들에게 양심의 가치를 알린 사람이 성인이다. 이보다 더 큰 깨달음은 없다.

깨달음에 대한 환상, 크게 깨달은 도인은 풍운조화를 부릴 것이라는 환상, 인류사의 위대한 성인은 나와 완전히 다른 존재라는 환상에서 깨어나야 한다. 그런 환상은 양심이 온전히 살아나는 것을 가로막고, 자신의 가치를 자각하지 못하게 하는 그릇된 인식이다. 깨달음의 환상에서 벗어나야 진정한 깨달음에 이를 수 있다.

뇌교육은 뇌를 잘 활용하여 삶의 가치를 실현하는 방법으로서 양심에 주목하고, 양심이 뇌 속에서 정보처리의 기준으로 작용하도록 한다. 이에 따라 뇌교육을 정의하면 '뇌교육은 양심을 살리고 양심대로 사는 힘을 기르는 정보처리 기술'이라고 할 수 있다.

뇌교육은 '뇌의 주인'이 되는 과정

뇌교육은 뇌를 잘 활용하기 위해 만들어진 학문이다. 뇌교육이 양심을 중시하는 것도 양심을 살림으로써 뇌를 잘 활용할 수 있기 때문이다. 누구나 자신의 뇌를 활용하지만, 그 정도와 방식은 저마다의 개성만큼이나 서로 다를 것이다. 뇌교육은 뇌를 어떻게 활용하고 있는지 스스로 돌아보게 하려고 다음과 같은 질문을 던진다.

"당신은 뇌의 주인인가?"

이 질문을 받은 사람은 대개 질문의 의미가 무엇인지, 또 뭐라고 답해야 할지 얼른 떠오르지 않아 잠시 생각에 빠진다. '내 뇌의 주인이 내가 아닌 다른 것일 수도 있는가?'

심장, 폐, 위, 간 같은 장기나 팔다리는 그 기능이 분명하다. 하는 일이 명확하므로 굳이 이들의 정체성을 규정할 필요가 없고, 이들의 기능을 관장하는 주체가 누구인지 가릴 필요도 없다. 만약 이들 중 어느 부위에 문제가 생겨 기능을 제대로 수행할 수 없게 되면 그 부위를 떼어내고 다른 사람의 장기나 기계 장치로 대체할 수도 있다.

그런데 이들 장기에 비해 뇌의 기능은 거의 무한하다. 마치 자동차를 운전하는 사람에 따라 차를 사용하는 목적이나 가는 길이 달라지듯이, 무엇이 뇌의 주인 역할을 하는지에 따라 뇌가 기능하는 방향이나 범위도 얼마든지 달라질 수 있다. 그렇다면 무엇이 자기 뇌의 주인 노릇을 하고 있는지 판단해 볼 수 있을 것이다.

뇌는 정보를 처리하는 기관이다. 뇌를 잘 활용한다는 것은 곧 정보처리를 잘하는 것이다. 정보처리를 잘하려면 무엇보다 그 기준이 중요하다. 감정에 따라 정보를 처리하면 감정에 휘둘리는 뇌가 되고, 생각을 정보처리의 기준으로 삼으면 관념에 빠진 뇌가 되기 쉽다. 또 욕망이나 이기심에 따라 정보를 처리하면 진정한 행복을 느끼기 어려운 뇌가 되고 만다. 만약 아무런 기준도 없다면 수동적으로 정보를 받아들이기만 하는 주인 없는 뇌고, 양심을 기준으로 정보를 처리한다면 이는 뇌의 주인으로서 정보를 적극적으로 판단하고 선택하는 뇌다.

뇌의 주인이 된다는 것은 자신의 뇌를 이해하고 잘 활용하는 능력을 갖추는 것이다. 그런데 참으로 많은 이들이 자기 뇌의 주인으로 살지 못한 채 감정의 노예, 관념의 노예로 살아간다. 부정적인 기억, 두려움, 의심, 분노 같은 감정에 뇌의 주인 자리를 내주면 결국 거기서 비롯되는 현상에 이리저리 끌려다니는 감정의 노예가 되고 만다. 또한 언제 어떻게 굳어졌는지 모를 관념에 매여 그 틀 속에 갇히면, 이 역시 관념의 노예가 되는 것이다.

감정이나 관념 같은 정보가 곧 자신의 실체가 아님을 깨닫게 하는 것이 뇌교육의 역할이다. 또한 이를 알고 양심을 기준으로 정보처리를 하는 뇌의 주인이 되도록 하는 것이 뇌교육의 목적이다.

뇌의 가치는 뇌의 정보처리 기준에 따라 정해진다. 감정이 기준이면 감정 상태만큼, 관념이 기준이면 관념의 상태만큼 뇌의 가치가 결정되는 것이다. 감정이나 관념에 빠지는 뇌가 되지 않도록 양심을 밝게 깨우고, 양심을 정보처리의 강력한 기준으로 삼아 뇌의 가치를 높이는 것. 이것이 뇌교육이다.

뇌교육의 가치

뇌교육은 진정한 인간의 가치를 실현하기 위한 학문이다. 뇌교육은 모든 인간이 공유하는 양심이라는 본성의 정보를 체험적으로 느끼고, 그 감각을 키우고 또 지켜감으로써 인간의 가치를 실현하는 길을 보여준다.

양심을 살리면 뇌라는 거대한 신경 네트워크가 활기차게 돌아간다. 양심에 불이 들어와 있는 동안에는 두려움이 힘을 쓰지 못해 자신감과 의욕이 한껏 솟아나기 때문이다. 때로는 양심을 지키기 위해 손해를 감수하거나 고난을 겪기도 한다. 이럴 때 만약 양심을 버리는 선택을 한다면 몸은 한순간 편할지 모르지만, 마음은 무척 불편할 것이다. 뇌가 불편한 상태가 된다는 것은 아주 불행한 일이다. 뇌가 양심에 걸려 불편한 상태가 되면 신경 네트워크가 원활하게 작동하지 못해 정상적이고 건강한 뇌로 기능하기 어렵다. 결국 양심의 빛이 사라진 뇌는 인격과 건강을 지킬 힘마저 잃게 된다.

인간의 신성한 정신 작용(神性)을 종교에서는 '영혼'으로 설명한다. 종교계에서뿐 아니라 많은 사람이 영혼이라는 말을 일상적으로 사용하지만 사실 영혼에 대해 명확하게 설명할 수 있는 사람은 아무도 없다. 영혼은 삶의 영역이 아닌 죽음 너머의 영역에서 규명할 수 있는 개념이기 때문이다.

그렇다면 삶의 영역에서 설명할 수 있는 신성의 개념은 '양심'이 아닐까? 영혼과 양심, 이 둘은 인간 정신의 신성한 측면을 지칭한다는 점에서 서로 비슷한 말일 수 있다. 그래서 양심이 살아 있으면 살아 있는 영혼이요, 양심이 죽어 있으면 죽은 영혼이라는 표현이 가능하다.

영혼이든 양심이든, 인간이 자기 안의 신성을 자각하고 영혼을 살찌우거나 양심을 밝히는 데 힘쓴다면 그것으로 충분하다. 그런데 실상은 영혼을 통해 신성을 찾기보다 오히려 죽음에 사로잡힌 경우를 더 많이 보게 되는 것은 어떻게 된 일인가. 사람들이 이토록 죽음에 사로잡히게 된 데는 종교의 영향이 크다고 본다. 종교가 죽음 이후의 세계를 강조하며 신앙을 요구하고, 수많은 사람이 그 정보를 받아들이면서 두려움과 죄의식에 발목을 잡히고 말았다.

두려움과 죄의식에 물든 마음으로는 양심의 빛을 드러낼 수 없다. 우리 안의 신성이자 밝은 본성의 의식인 양심의 대척점에 있는 것은 두려움과 죄의식이다. 마음을 움츠러들게 하는 정보에서 벗어나, 살아 있는 순간을 밝게 빛낼 신성한 정신을 회복해야 하지 않겠는가.

뇌는 하나의 정보 체계를 받아들이면 그 틀에 크게 좌우된다. 다른 모든 정보를 그 틀 안에서 정해진 방법대로만 처리하는 것이다. 종교적 사고, 한국적 사고, 가부장적 사고 같은 것이 그 예다. 이러한 틀을 받아들이면 마치 본래 자기 것인 양 그 정보 체계에 예속된다. 뇌의 입장에서는 그렇게 함으로써 정보를 쉽고 빠르며 안정적으로 처리할 수 있지만, 이는 곧 타성에 빠져 창조성을 가로막는 결과를 가져온다.

안정된 틀을 만들려는 뇌의 속성 때문에 자신의 틀을 깨거나 습관을 바꾸기는 매우 어렵다. 틀을 깨고 습관을 바꾸려면 그에 따른 뇌의 저항을 물리칠 만큼 강한 의지가 필요하다. 그런데 뇌와 정면 대결을 벌이지 않고도 그것을 바꿀 수 있는 아주 유연하면서도 효과적인 방법이 있다. 먼저 뇌의 정보처리 방식을 이해하고, 자신이 주체가 되어 적극적으로 정보처리 하는 감각을 키우는 것이다. 뇌 속에 단단히 자리 잡은 묵은 틀을 깨거나 습관을 없애는 방식이 아니라, 새로운 정보를 받아들임으로써 묵은 정보에서 벗어나는 방식이다. 두려움과 죄의식에서 벗어나려면 그에 맞서지 말고 그저 양심을 깨우면 되는 것이다.

뇌교육은 뇌가 작동하는 원리에 따라 틀을 깨고 습관을 바꾸는 매우 실질적인 정보처리 기술이다. 사람들은 대부분 평생 정해진 틀 속에서 익숙한 습관들과 함께 살아간다. 이런 삶에서 사람들은 안정감을 얻기도 하지만, 자기실현의 욕구를 따르지 못한 삶에 진정으로 만족하기는 어려울 것이다. 인간은 창조적인 능력을 발휘하면서 자신의 존재 가치를 확인하고 성취감과 만족감을 얻는다. 뇌교육은 뇌에 깃든 무한한 창조성을 깨워 인간의 가치를 실현하고자 한다. 또한 뇌교육은 양심을 밝힘으로써 인류 평화를 실현하고자 하는 큰 꿈을 품는다. 여기에 뇌교육의 참다운 가치가 있다.

The Principles of **Brain Education**

3 | 왜 뇌교육인가?

인공지능 시대와 뇌교육

인공지능과 공존하거나 경쟁하게 될 인류 첫 세대에게 그에 대한 호기심과 두려움보다 더 중요한 것은 무엇일까. 그것은 바로 인간만의 고유 기제, 즉 자연지능의 회복과 계발이다.

중요한 사실은 오늘날 인공지능 시대를 연 바탕이 0과 1로 이루어진 컴퓨터이며, 그 창조의 출발이 인간 뇌의 정보처리 방식에서 비롯되었다는 점이다. 그렇다면 우리는 인공지능을 탄생시킨 인간 뇌를 어떻게 인식하고 있을까?

보통 사람들은 '뇌'의 존재를 크게 의식하지 않은 채 살아간다. 마치 컴퓨터를 사용하는 일이 너무 일상화되어 컴퓨터가 어떻게 작동하는지에 대해 깊이 생각하지 않는 것과 같다.

인간의 뇌는 뇌 바깥에서 정보를 입력받아 처리하고 다시 출력하는 일종의 '정보처리 기관'이다. 주목해야 할 것은 수렵사회, 농경사회, 산업사회, 정보화사회를 거치면서 정보의 양은 폭발적으로 증가했지만, 뇌의 기본적인 구조와 기능은 크게 변하지 않았다는 사실이다.

또 한 가지 중요한 점은 인간의 뇌가 생물학적 기관인 동시에 정신 활동을 담당하는 유일한 기관이라는 것이다. 컴퓨터는 하드웨어와 소프트웨어를 구분할 수 있지만, 뇌는 이를 명확하게 나누기 어렵다. 뇌 속에서 이루어지는 정보처리가 신경망의 변화, 즉 하드웨어의 변화를 동시에 일으키기 때문이다.

모든 정보는 뇌의 활동을 통해 처리된다. 결국 뇌에 담긴 정보가 그 사람의 행동과 사고를 결정짓는 열쇠가 될 것이며, 좋은 뇌 상태를 만드는 훈련과 습관이 더욱 중요해지는 시대가 될 것이다.

뇌교육에서는 뇌를 움직이는 핵심 기제를 '정보'로 인식하고, 뇌를 '정보체'로 정의한다. 당면한 인류의 위기 역시 뇌 속 정보 체계의 충돌에서 비롯된 것이며, 한 인간의 가치는 그 사람의 뇌에 담긴 정보의 질과 양에 달려 있다고 본다. 뇌교육은 뇌를 움직이는 열쇠인 정보를 긍정적인 방향으로 변화시키는 이른바 '정보처리 기술'이다.

현대사회와 뇌교육

요즘의 학교 교육 체제에서는 공부 잘하는 상위 5%의 아이들만 학업에 성공한 것으로 인정받고, 대다수에 해당하는 95%의 아이들은 실패한 것으로 판정받는다. 교육을 통해 자신의 가치를 발견하고 이를 실현하도록 이끈다는 목표는 고사하고, 아이들을 낙오와 패배의 그늘로 몰아붙이는 교육 현실에 누구나 문제점을 느끼면서도 그 해결책을 찾지 못하고 있다.

지식 위주의 공부에 매달려 끝없이 경쟁해야 하는 상황에 내몰린 아이들은 어떤 사람으로 자라고 있을까? 그 아이들의 뇌는 어떤 상태일까? 온전한 인격을 형성하는 데 절대적인 바탕이 되는 자존감, 자긍심, 자신감을 기를 기회를 빼앗기고 있는 것은 아닐까?

부모와 교사가 진정으로 관심을 기울여야 하는 대상은 아이의 성적이 아니라 아이의 뇌다. 아이의 뇌에서 무슨 일이 일어나고 있는지 관심을 두고 뇌에 긍정적인 자극을 줄 수 있는 환경을 마련하는 것이 부모와 교사가 교육을 통해서 해야 할 일이다. 그런데 요즘 우리 사회는 아이들을 마치 시장에 내놓을 상품으로 여기는 것이 아닌가 싶을 정도로 경쟁과 성공의 가치에 크게 치우쳐 있다.

교육 현실이 왜 이렇게 된 것일까? 이는 부모와 교사를 비롯해 우리 사회 전체가 교육에서 가장 중요한 근본정신을 잊고 있기 때문이다. 우리 교육의 근본정신이 무엇인가? 홍익인간이다.

1949년에 공포된 대한민국 교육법과 이후 1997년에 이를 대체한 〈교육기본법〉에는 '교육은 홍익인간의 이념 아래 모든 국민으로 하여금 인격을 도야하고 자주적 생활 능력과 민주시민으로서 필요한 자질을 갖추게 하여 인간다운 삶을 영위하게 하고, 민주국가의 발전과 인류 공영의 이상을 실현하는 데 이바지하게 함을 목적으로 한다'라고 교육 이념을 밝히고 있다. 홍익인간은 단군조선의 개국 이념으로 알려져 있다. 그러나 인간을 널리 이롭게 하자는 홍익인간 정신은 단순한 통치 이념이나 지배 이데올로기가 아니라 공동체와 개인의 삶 속에서 함께 실현해야 할 이상이다. 또한 '나는 누구인가', '어떻게 살 것인가' 하는 존재론적인 물음에 대한 우리 선조들의 지혜로운 답이기도 하다.

그런데 오늘의 우리 사회는 이 홍익인간 정신을 까맣게 잊고 있다. 현실이 이런데 몇몇 부모와 교사의 개인적인 노력이나 일부 제도를 개선하는 것만으로는 근본적인 변화를 기대하기 어렵다. 교육의 본질을 회복하려면 우리 사회가 홍익 정신의 가치를 새롭게 인식하고 그 정신을 되살리려는 노력부터 시작해야 한다. 홍익 정신은 우리가 잘 알지 못하는 다른 어떤 사상이나 철학이 아니다. 앞서 이야기한 양심이 곧 홍익 정신이라고 할 수 있다. 밝은 마음을 쓰는 것, 그것이 홍익이다.

개인과 사회가 홍익 정신을 회복하면 교육 문제뿐 아니라 종교, 이념, 계층의 양극화, 전쟁, 폭력, 기아, 환경오염 등 현대사회가 안고 있는 모든 문제의 해법을 발견할 수 있을 것이다.

그렇다면 남은 문제는 홍익 정신을 회복하는 방법이다. 뇌교육은 지난 30년 동안 이 문제에 관심을 두고 실질적인 회복의 방법을 지속적으로 개발해 왔다. 특히 감각 체험 위주의 프로그램을 통해 누구나 홍익 정신의 회복을 경험하도록 하는 데 가장 역점을 두었다.

인간성 회복을 위한 뇌교육

모든 학문은 '의문'에서 출발해 차츰 그 내용을 체계화하면서 발전해 간다. 뇌와 관련된 분야가 하나의 학문으로 체계화되기 시작한 것은 비교적 최근의 일이다. 뇌에 관한 연구가 시작된 것이 겨우 150여 년 전인 데다가, 신경세포들의 집합체인 뇌의 복잡다단한 메커니즘을 밝히는 일은 그 까다로움 때문에 매우 더디게 진행되고 있다.

뇌와 관련한 가장 직접적인 학문은 신경과학이다. 신경과학은 의학, 심리학, 인공지능, 로봇공학 등 여러 분야에 핵심적인 영향을 미치고 있다. 최근에는 교육학, 경제학, 인문학 분야에서도 신경과학 연구 성과에 관심을 두고 접목할 방안을 찾기 시작했다. 앞으로도 뇌와의 연관성을 확대하려는 분야는 계속 늘어날 것이다.

그런데 한 가지 중대한 문제는 뇌에 대해 과학적으로 명백하게 밝혀진 내용이 그리 많지 않다는 점이다. 물론 해부학적으로나 기능적으로 많은 사실이 밝혀졌고, 이는 뇌 질환 치료 같은 의학 분야에 매우 중요한 기여를 하고 있다. 그러나 뇌의 전체 기능에 비해 우리가 알고 있는 것은 여전히 미미한 수준이다.

그렇다면 신경과학이 모든 것을 밝힐 때까지 우리는 기다려야만 할까? 그렇지는 않다. 왜냐하면 우리는 지금 이 순간에도 쉬지 않고 반응하는 뇌를 머리 꼭대기에 떠받치고 있고, 당장 무엇인가를 선택하고 결정해야 하는 상황에 놓여 있기 때문이다. 우리에게 필요한 것은 모든 생물 가운데 가장 큰 우리의 뇌를 제대로 사용하는 방법이다.

인간을 탐구하는 학문은 많지만, 인간 존재의 핵심인 뇌를 중심으로 인간에 대한 이해와 삶의 향상을 함께 추구하는 학문은 지금껏 출현하지 않았다. 뇌교육이 그 시작이다.

과학이 완전하지는 않지만, 또 의학이 모든 것을 알지는 못하지만 지식 체계로서의 가치가 있기 때문에 하나의 학문으로 인정받는다. 정치학, 경제학, 사회학 등도 마찬가지다. 심지어는 신이 있는지 없는지 아무도 정확히 확인하지 못했음에도 신학이라는 학문이 존재하지 않는가. 그러니 모든 사람이 다 가지고 있는 뇌를 탐구하는 '뇌학腦學'이 나온다고 해서 이상할 일은 아니다. 학문으로서는 오히려 너무 늦은 출현이라고 해야 할 것이다.

신경과학이 곧 뇌학은 아니다. 신경과학은 물론 뇌를 연구하는 학문이지만 과학적 방법론에 기반하기 때문에 인간 존재에 대한 탐구로 나아가기는 어렵다. 뇌학은 인간에 대한 이해에서 출발해 개인의 삶과 인류 사회의 안녕을 도모하는 데까지 나아가는 학문이다. 뇌교육은 바로 그 뇌학의 출현이라고 할 수 있다.

인류가 지금과 같은 문명을 창조하는 데 가장 크게 이바지한 분야는 과학과 교육이다. 인류는 과학을 통해 물질문명을 발달시켰고, 교육을 통해 인간 정신의 가치를 높이고자 했다. 그러나 이 두 개의 수레바퀴가 이끌어온 인류의 현실은 우리가 꿈꾸던 모습과는 매우 거리가 멀다. 인류 역사상 물질적으로 가장 풍요로운 시대를 맞았음에도 여전히 한쪽에서는 사람들이 굶어 죽고, 전쟁과 폭력에 희생되는 사람들도 끊이지 않는다. 자본의 힘이 극대화하면서 빈부 격차가 그 어느 때보다 극

심해져 계층 갈등도 깊어지고 있다. 종교 간 분쟁도 여전하다. 게다가 인간의 이기심과 탐욕 때문에 지구 환경과 생태계는 나날이 파괴되어 가고 있다.

우리는 이러한 오늘의 현실을 '인간성 상실의 시대'라고 규정하고 있다. 이 말에는 모든 문제가 인간성 상실에서 비롯했다는 자성과 함께, 잃어버린 인간성을 회복함으로써 우리가 당면한 문제들을 풀어갈 수 있지 않겠느냐는 해법의 제안까지 담겨 있다. 인간성을 회복하는 것이 우리 시대에 가장 절박한 과제라면 결과적으로 인간성 상실을 초래한 지금까지의 방법을 그대로 써서는 이를 해결할 수 없을 것이다. 지금까지와는 다른 새로운 철학, 새로운 방법론이 필요하다.

뇌교육은 과학과 교육을 포괄한 인간 완성학으로서 '인간성 회복'이라는 목표를 실현할 최적의 학문이다. 뇌교육은 말하자면 '회복'에 대한 학문이다. 양심의 회복, 홍익 정신의 회복, 인간성 회복 등 이 모든 회복의 과정을 통해 마침내 '뇌의 주인'이 탄생하는 것이다. 상실에서 비롯된 모든 문제의 답은 우리 뇌 속에 있다. '회복'하여 뇌의 주인이 되면 그 답을 찾을 수 있다.

The Principles of **Brain Education**

4 뇌교육이 지향하는 삶

인간은 '나는 누구인가' 하고 스스로 묻는 존재다. '왜 사는가'를 고민하는 복잡한 생명체이기도 하다. 단지 생존하기 위해서 사는 것만으로는 충분하지 않다고 느낄 만큼 인간은 정신적 가치를 추구하는 존재다. 고도로 발달한 인간의 뇌는 살아가는 이유를 단지 먹고 사는 데 두지 않고, 더 나은 삶과 더 나은 세계를 창조하는 데서 찾는다.

삶의 이유를 찾고 목표를 정하며 이를 실현하기 위해 노력하는 과정은 모두 우리 뇌에서 이루어진다. 따라서 뇌를 어떻게 쓰는가에 따라 삶의 질이 결정된다고 할 수 있다. 삶의 질을 높인다는 것은 건강하고 행복한 삶을 추구하고, 그런 삶을 보장하는 평화로운 세상을 만드는 것이다. 건강하고 행복하고 평화롭게 사는 것은 세상 모든 사람의 바람이다. 그런데도 이를 이루지 못하는 이유는 무엇인가? 뇌교육적으로 말하자면 뇌의 주인으로서 자기 뇌를 잘 활용하지 못했기 때문이다. 건강과 행복과 평화를 위해 뇌를 사용하지 않고 자신의 감정과 이기적인 욕구에 따라 뇌를 사용한 탓이다.

뇌교육은 뇌를 잘 활용함으로써 삶의 질을 높이고자 한다. 다시 말해, 뇌가 가진 최고의 가치를 실현함으로써 건강하고 행복하고 평화로운 삶을 사는 것이다. 그런데 건강, 행복, 평화란 어떤 경우에도 좋기만 한 절대가치가 아니다. 사기꾼의 건강, 거짓말쟁이의 행복, 독재자의 평화에서 어떤 가치를 찾을 수 있겠는가.

뇌교육이 목표로 하는 것은 완전한 건강, 완전한 행복, 완전한 평화다. 완전한 건강이란 몸과 정신이 건강한 것과 더불어 영적으로도 건강한 상태를 말한다. 철인 3종 경기를 거뜬히 치를 만큼 몸이 건강한 사람이라도 정신적으로나 영적으로 건강하지 않다면 그 육체적 건강은 오히려 주변을 위협하는 요인이 될 수 있다. 그렇다면 어떻게 완전한 건강을 이룰 수 있을까? 몸과 정신의 활동을 관장하는 뇌를 건강하게 만들면 된다.

완전한 건강이 바탕이 되면 완전한 행복과 완전한 평화도 가능하다. 뇌를 건강한 상태로 최적화하면 그에 따라 행복과 평화도 함께 이룰 수 있는 것이다. 그래서 인생을 경영한다는 것은 곧 뇌를 관리하는 일이다.

인간에게는 세 가지 인생이 있다. 이는 인간의 뇌가 추구하는 세 가지 형태의 삶이라고 할 수 있다.

첫 번째는 피지컬 라이프Physical Life, 육체적인 삶이다. 이는 인간을 포함한 모든 동물에게 해당하는 생존을 위한 삶이다. 피지컬 라이프의 목표는 '안전'이다. 먹고 자는 생존 활동을 최대한 안전하게 하려는 욕구를 가장 중시한다.

두 번째는 소셜 라이프Social Life, 사회적 삶이다. 소셜 라이프의 목표는 '성공'이다. 성공하기 위해 공부하고 일하며 평생 노력한다. 그런데 수많은 사람이 지나치게 경쟁적으로 성공이라는 가치를 좇다 보니 지나치게 견제하고 대립하여 분쟁이 끊이지 않고, 인간성마저 잃어버리는 상황에 이르렀다. 매년 노벨평화상 수상자가 나오고 아무리 평화를 위해 기도해도 세상이 평화롭지 않은 이유는 결국 사람들이 평화를 기원하는 마음보다 성공하려는 욕구를 더 앞세우기 때문일 것이다. 물론 개인의 성공이 전체의 가치에 부합하기도 한다. 양심 있는 사람의 성공이라면 그럴 것이다. 그러나 양심 없는 사람의 성공, 홍익 정신이 없는 조직의 성공은 오히려 사회적으로 문제만 일으킬 뿐이다.

세 번째는 스피리추얼 라이프Spiritual Life, 영적인 삶이다. 스피리추얼 라이프는 '완성'을 추구한다. '나는 누구인가', '왜 사는가'를 고민할 만큼 자기 존재를 스스로 성찰하는 기능을 가진 인간의 뇌는 궁극적으로 완성을 추구하는 속성이 있다. 자신이 누구인지, 사는 목적이 무엇인지를 깨달아 의식의 분열 없이 뇌가 통합되면 완성의 가치를 추구하는 삶을 선택하게 된다. 개인의 성공을 넘어 전체 완성의 의식으로 나아가는 것은 나와 남의 구분 없이 인간과 인간, 인간과 지구가 모두 연결된 하나의 공동체라는 의식을 바탕으로 한다. 완성을 추구하는 의식에서 인류 평화를 위한 진정한 노력, 창조적인 구상이 나올 수 있다.

이 세 가지 인생 중에서 어떤 것이 자기 인생의 중심을 차지하고 있는가? 뇌를 잘 활용하는 사람은 어떤 인생을 살아갈까? 아마도 육체적으로 건강하고(장애인이든 비장애인이든 현재의 몸 상태를 건강하게 관리한다는 의미), 사회적으로 성공하고(단순히 경쟁에서 이기는 차원을 넘어 사회적으로 의미 있는 활동을 포함한다는 의미), 정신적으로 풍요로운 삶을 살아갈 것이다.

뇌교육은 뇌가 가진 최고의 가치를 실현함으로써 완전한 건강, 완전한 행복, 완전한 평화를 이루는 것을 목표로 한다. 이를 개인 차원의 목표라고 한다면, 전체 차원의 목표는 뇌교육을 통해 양심 밝은 홍익인간을 길러 인류 평화를 이루는 것이다.

우리 뇌에는 개인의 이기적 욕구에 갇히지 않고 전체를 위해 이타적으로 행동할 수 있는 능력이 있다. 이것이 양심이고 신성이다. 깨달음 또한 양심과 신성이 크게 깨어난 상태다. 그래서 깨달은 사람이란 인간의 능력을 초월한 초자연적인 힘을 지닌 존재가 아니라, 생명의 가치를 지키기 위해 용기 있게 선택하고 실천하는 사람이다.

그러니까 뇌교육의 최종 목표는 양심과 신성, 깨달음의 감각을 깨운 홍익인간이 이화세계, 즉 평화로운 인류 공동체를 만드는 것이다. 뇌교육은 이를 위해 존재한다.

3장

뇌교육의 철학

The Principles of

Brain Education

The Principles of **Brain Education**

1 | 뇌교육의 철학적 배경

지식 이전에 만물을 생성하고 운행하는 '법칙'이 있다. 진리를 찾는다는 것은 이 우주의 법칙, 생명의 법칙을 알고자 하는 것이다. 인간이 그 실상을 파악하기 이전에는 그 법칙이 인간에게 '신'의 모습으로 비쳤다. 예를 들어 태양과 바다의 실상을 알기 이전에는 그것이 인간에게 태양신이었고 바다신이었다. 그래서 일식이 일어나거나 거센 파도가 일면 인간들은 신이 노했다고 믿고 이를 달래기 위해 피의 제물을 제단에 바쳤다. 그러나 태양이 운행하는 법칙, 파도가 이는 법칙을 알게 된 이후 태양신과 바다신은 동화 속의 이야기가 되었다.

실상을 모를 때는 '신'이었다가 알면 '법칙'이 되는 것이다. 인간이 만약 우주 만물의 실상을 모두 깨우친다면 신이 전부 사라질지도 모른다. 그러나 그것은 신의 이름이 사라지는 것일 뿐, 신성은 영원하다.

신은 한자로 '귀신 신神'을 쓰는데, 예전에는 하느님을 뜻하는 한자가 따로 있었다. '하느님 신襢'이다. 지금은 거의 사용하지 않는 '하느님 신'을 '귀신 신'과 비교해 보면 신에 대한 개념에 큰 차이가 있음을 알 수 있다.

　神은 示(보다), 日(태양), ｜(자르다)의 조합으로 신의 의미를 담았다. 태양을 가르는 형상의 이 글자는 주로 잡신을 나타낼 때 쓰였다.

　'하느님 신'은 示(보다), 人(神사람), 日(태양-양-하늘), 月(달-음-땅), 一(하나)의 조합으로 신을 표현했다. 사람과 하늘과 땅이 하나를 이룸으로써 깨닫는다는 조화의 이치를 담은 글자다. 이때의 신은 믿음을 시험하고 시기하고 질투하고 분노하고 벌하는 인격화된 신이 아니라, 우주를 관장하는 하나의 큰 법칙을 상징한다.

　우리 민족의 전통적인 신관에 해당하는 것은 '하느님 신'이다. 우리가 오래전부터 하느님이라고 지칭하며 삶의 근본으로 삼았던 것은 인격화한 특정 대상으로서의 신이 아니라 세상 만물을 생성하고 운행하는 조화의 이치였다.

뇌교육은 뇌를 앎으로써 생명의 법칙을 깨치고, 그에 따라 생명의 가치와 인간의 가치를 실현하는 것을 목표로 한다. 이는 뇌교육 철학의 핵심이기도 하다.

뇌는 우연히 진화한 것이 아니다. 전적으로 생명의 법칙에 따라 발달해 온 고도의 창조물이다. 그래서 뇌 속에 진리가 있고 신이 있다고 하는 것이다. 뇌교육에서 말하는 신은 곧 생명의 법칙이다. 이 법칙을 깨치는 것이 신을 발견하는 것이고, 법칙대로 사는 것이 신을 따르는 것이다.

우리나라에는 생명의 법칙에 따른 철학적 전통이 오래전부터 전해 내려오고 있다. 약 5천 년 전 단군 시대부터 수행의 지침서로 삼은 〈삼일신고三一神誥〉와 1만 년 전으로 거슬러 올라가는 〈천부경天符經〉 같은 고문서를 통해 그 위대한 가르침이 현재까지 명맥을 이어오고 있다. 현대 뇌교육 철학의 뿌리 또한 마땅히 여기에 닿아 있다.

강재이뇌

〈삼일신고〉는 1900년대 초에 책자로 간행되면서부터 본격적으로 세상에 알려졌다. 본래 우리말로 전해 내려오던 것을 한자로 옮긴 이 오래된 기록물에는 '하늘, 하느님, 하늘나라, 세상, 진리'에 대한 가르침이 365자의 한자로 정리되어 있다.

이 중 하느님에 대한 가르침을 담은 '신훈神訓' 편에 '자성구자 강재이뇌自性求子 降在爾腦'라는 문구가 나온다. 이는 '본성에서 하느님을 찾아라. 너희 뇌 속에 내려와 있다'라는 뜻이다. 이 문구에 담긴 통찰이 참으로 대단한데, 내용도 내용이지만 고대의 경전에서 뇌를 언급하고 있다는 사실 자체가 매우 놀라운 일이다. 여러 다른 경전들에서는 이 같은 예를 찾아보기 어렵다.

또한 고대에 융성한 문명을 이룬 이집트인들도 당시 뇌에 대해서는 잘 알지 못했던 듯하다. 미라를 만들 때 심장을 비롯한 다른 장기는 별도로 보관했지만 뇌는 그냥 파내버렸다. 그런데 단군조선 시대의 우리 선조들은 뇌 속에 하느님이 있다고 인식했고, 이를 모든 사람이 깨달아 이치에 따른 삶을 살도록 가르침을 폈다.

뇌 속에 하느님이, 생명의 법칙이, 위대한 창조성이 깃들어 있음을 아는 것은 자기 가치를 깨닫는 것이다. 자기 가치를 깨달으면 그 가치를 실현하고자 하는 의지와 창조성이 눈을 뜬다. '자성구자 강재이뇌'라 했으니 자기 뇌 속의 하느님을 만나기만 하면 되는데, 그렇다면 뇌 속의 하느님을 어떻게 하면 만날 수 있을까?

뇌교육은 먼저 몸과 뇌가 잘 소통하도록 하는 데서 시작한다. 몸과 뇌는 하나로 연결된 신경계인데 이들 간의 소통이 원활하지 않으면 건강과 의식 전반에 문제가 생길 수 있다. 우울증을 치료하기 위해 운동요법을 강조하는 것도 몸을 통해 뇌에 운동 신호 자극을 활발하게 보내 뇌의 변화를 유도하기 위한 것이다. 몸과 뇌가 소통되지 않아 뇌 감각이 잠들어 있고, 뇌의 신경 네트워크에는 부정적인 정보만 쌓이는 데다가 관념의 틀이 갈수록 견고해져 그 안에 스스로 갇힌다면, 하느님이 아무리 가까이 있어도 만나기 어려울 것이다. 그래서 뇌교육에서는 몸과 뇌가 소통하는 감각부터 깨운다.

뇌 속의 하느님, 즉 신성을 환하게 드러나게 하려면 이를 가로막고 있는 가짜 정보부터 걷어내야 한다. 이 가짜 정보로 이루어진 나를 '가아假我'라고 한다. 가아는 에고의 모습이다. 에고에서 이기심이 나오고 감정이 일어난다. 구름이 해를 가리듯 가아에서 일어난 연기가 본성인 진아眞我를 가리면 자기 안의 신성을 볼 수 없다. 연기를 걷어내면 밝은 빛이 드러나지만, 사람들은 연기에 지나지 않는 에고에 집착하고 거기서 벗어나기를 두려워한다. 에고를 자기 자신이라고 믿기 때문이다.

에고는 연기처럼 사라지는 가상의 것이다. 그러니 연기만 계속 피워 올리는 삶은 얼마나 허망한가. 에고의 작용을 멈추고 본래의 내 모습을 드러내는 순간, 신성도 활짝 깨어난다.

우리 선조들은 일찍이 이러한 깨달음을 얻었고, 이를 〈삼일신고〉에 담아 누구나 깨닫고 실천할 수 있도록 대중을 교화했다. 뇌교육은 이러한 가르침의 전통 속에서 탄생했다. '강재이뇌'에서 뇌를 알아야 한다는 뇌교육의 전제가 나왔고, '자성구자'에서 누구나 자기 몸을 통해 깨우칠 수 있는 뇌교육의 방법론을 찾았다. 뇌교육은 무엇이든 자기 안에서 찾으라는 고대의 메시지를 현대 뇌과학을 바탕으로 되살린 오래고도 새로운 지혜다. '강재이뇌'로 대표되는 사상과 원리 체계는 오늘날 뇌교육의 철학과 방법론적 기반을 제공했으며, 1990년 설립된 뇌교육 연구기관인 한국뇌과학연구원의 설립 이념이 되었다.

지금 우리 시대의 교육 현실과 사회 문화적 환경은 에고를 자극하고 강화하는 쪽으로 치닫고 있다. 개인의 에고, 집단의 에고, 국가의 에고, 종교의 에고, 사상의 에고는 끊임없이 불화를 낳으며 평화로 가는 길을 가로막는다. 수많은 정보가 넘쳐나지만 정작 큰 가르침은 사라지고, 조화로움으로 이끌 참 지혜도 잃어버린 이 시대에 뇌교육은 생명의 법칙을 거스르는 세상의 흐름을 바로잡아 인간의 가치를 되살리고자 한다.

뇌철학의 뿌리, 천부경

〈삼일신고〉는 한 편 한 편이 진리의 시어여서 문구를 두고두고 되새기다 보면 그 뜻을 차츰 깨우치게 된다. 그런데 〈삼일신고〉의 문장도 〈천부경〉에 비하면 매우 친절한 산문에 속한다. 모두 81자의 한자로 이루어진 〈천부경〉은 우주의 운행 원리와 인간의 본질을 마치 현대물리학 공식처럼 난해해 보이는 구조 속에 군더더기 없이 담았다. 그래서 글자 한 자 한 자를 풀이하는 것만으로는 뜻이 명확하게 드러나지 않아 지금까지 수많은 해석본을 낳았다.

天符經

無人化二九妙動人一
極二還人八一不明終
三一無三七七變昂無
析地鉅二生五用陽終
一一十地六環來太一
始一積三合成萬本一
無天一二三四往心地
始本三父大三萬本天
一盡一三三運衍本中

우주 만물은 하나에서 비롯되나 이 하나는 하나라고 이름 붙이기 이전의 하나이며 본래부터 있어온 하나다. 하나는 하늘과 땅과 사람 세 갈래로 이루어져 나오지만, 그 근본은 변함도 없고 다함도 없다. (一始無始一析三極無盡本)

하늘의 본체가 첫 번째로 이루어지고, 그 하늘을 바탕으로 땅의 본체가 두 번째로 이루어지고, 그 하늘과 땅을 바탕으로 사람의 본체가 세 번째로 이루어진다. (天一一地一二人一三)

이렇게 변함없는 하나가 형상화되기 이전의 하늘, 땅, 사람의 순서로 완성되면서 새로운 하나를 이룬다. 이 새로운 하나는 한정도 없고 테두리도 없다. 이 새로운 하나가 바로 형상화된 하늘과 땅과 사람이다. (一積十鉅無匱化三)

형상화되기 이전의 하늘, 땅, 사람과 형상화된 하늘, 땅, 사람이 어울리면서 음과 양, 겉과 속, 안과 밖이 생겨난다. (天二三地二三人二三)

하늘에는 밤과 낮이 있고, 땅에는 물과 뭍이 있으며, 사람에게는 남녀가 있어서 이 둘의 조화를 통해 천지는 운행하고, 사람과 만물은 성장하고 발달해 나간다. (大三合六生七八九運)

이렇듯 하늘과 땅과 사람이 원래의 근본 상태, 형상화되기 이전의 상태, 형상화된 상태, 형상화되기 이전과 형상화된 상태가 어울려 작용하는 상태, 이 네 단계를 거쳐 우주 만물이 완성되며, 우주 만물은 본래 따로 뗄 수 없는 한 덩어리다. (三四成環五七一)

이렇게 하나가 묘하게 피어나 우주 만물이 형성되며, 그 쓰임은 무수히 변하나 근본은 다함이 없다. (妙衍萬往萬來用變不動本)

마음의 근본과 우주 만물의 근본이 하나로 통할 때 일체가 밝아진다. 이렇게 마음을 밝힌 사람에게는 하늘과 땅이 하나로 녹아 들어가 있다. (本心本太陽昂明人中天地一)

우주 만물은 하나로 돌아가고 하나에서 끝이 나지만, 이 하나는 하나라고 이름 붙이기 이전의 하나이며 끝이 없는 하나다. (一終無終一)

조선시대 이맥이 편찬한 〈태백일사太白逸史〉에 따르면 〈천부경〉은 약 1만 년 전 우리 민족의 태동기 때부터 전해져 온 경전으로, 단군 시대에 이르러 고대문자인 녹도문으로 기록되었고 이후 신라의 대학자 최치원 선생이 한자로 옮겨 오늘에 이르렀다고 한다. 〈천부경〉은 우주가 생성하고 발전하는 원리와 그에 따라 인간과 자연이 조화를 이루는 이치를 밝혀 놓았다.

〈천부경〉은 끊어 읽는 방법과 토를 다는 방식도 하나로 정해져 있지 않고, 연구자에 따라 해석도 제각각이다. 따라서 〈천부경〉을 문자적으로 풀이해 그 뜻을 이해하려고 하면 그 진면목을 파악하기 어렵다. 여기에 소개한 해석을 읽더라도 그 뜻을 명확하게 이해하기는 쉽지 않을 것이다. 해석에 얽매이기보다는 차라리 81자를 소리 내어 읽는 편이 나을 수도 있다. 실제로 〈천부경〉의 가치를 알았던 옛사람들은 이를 노래처럼 읊었다고 하는데, 자주 소리 내어 읊다 보면 그 소리의 울림 속에서 무의식의 정보가 깨어나고, 그 과정에서 영적 자각이 일어나기도 한다.

〈천부경〉의 핵심 원리는 '인중천지일人中天地一'에 담겨 있다. '사람 안에 하늘과 땅이 하나로 녹아 있다'라는 뜻으로, 이는 하늘과 땅과 사람이 하나라는 '천지인' 사상의 뿌리를 이룬다. '모든 것이 하나'라는 메시지를 담은 〈천부경〉은 하늘도 땅도 사람도 같은 원리 속에서 생겨났다가 사라지며 순환하는 존재임을, 마치 공식에 따라 수학 문제를 풀듯 논리적으로 설명해 놓았다.

모든 것이 하나라는 메시지는 우리 뇌를 100% 쓸 수 있는 원리다. 모든 것이 하나로 연결되어 움직이는 세계의 구조를 깊이 자각하면 인류 평화에 대한 의지가 생기고, 그에 따라 뇌도 최고의 기능을 발휘하게 된다. 자각하는 순간 신성이 눈을 뜨고, 의지만큼 창조성이 깨어나기 때문이다.

모든 것이 하나임을 깨닫지 못하면 분리 의식과 차별 의식 속에서 벗어나지 못해 에고만 강화하게 된다. 에고가 버티고 있으면 뇌는 창조적으로 활동할 수 없다. 모든 것이 하나라는 통합 의식 상태에 들어갈 때, 에고는 힘을 잃고 창조성은 자유롭게 제 능력을 발휘한다.

이처럼 '인중천지일'을 중심으로 한 〈천부경〉의 원리에 따라 홍익인간으로 살아가라는 위대한 가르침이 뇌교육 철학의 뿌리를 이룬다. 또한 〈천부경〉의 원리를 바탕으로 심신을 단련해

온 우리 선도 수행 문화의 전통 속에서 뇌교육의 핵심적인 방법론이 나왔다. 1만 년의 시간을 지나온 〈천부경〉이 우리 시대에는 뇌교육이라는 이름으로 여전히 그 궁극의 원리를 빛내고 있다.

이전 시대에는 〈천부경〉이 대중적으로 널리 알려지지 않았고, 그 원리를 삶의 철학으로 녹여내기도 쉽지 않았을 것이다. 그러나 이제는 뇌교육을 통해 그 정신을 깨우친 이들이 점차 늘어나고 있다. 뇌교육은 이처럼 깨달음이 대중화될 때 인류 문명의 흐름이 크게 바뀔 것이라고 믿는다.

뇌교육은 잠재된 뇌 기능을 깨울 방법론을 갖추고 있다. 하지만 그렇게 깨어난 뇌 기능을 에고의 욕망을 위해 사용할 수는 없다. 통합 의식으로 깨어난 기능은 분리 의식의 욕망과 연결되지 않을 뿐 아니라, 에고가 다시 나타나는 순간 그 기능은 숨어버리기 때문이다. 따라서 뇌교육으로 깨어난 뇌의 힘은 완전한 건강, 완전한 행복, 완전한 평화를 위해서만 쓰인다.

인류 물질문명을 이끈 서양의 과학은 20세기에 들어서야 비로소 인간 뇌의 기능과 구조에 대한 과학적·의학적 탐구를 통해 마음과 행동 변화의 열쇠로서 뇌에 주목했다. 하지만 고대

한국의 선조들은 수천 년 전에 이미 인간 뇌의 본질적 가치를 꿰뚫어 보고 이를 삶의 원리와 인재교육의 철학으로 삼아 실천하고자 했다. 한국에서 뇌교육학이 가장 먼저 정립된 이유이기도 하다.

뇌교육의 목적은 뇌 기능 자체를 탐구하는 데 있지 않다. 누구나가 가진 뇌를 '어떻게 하면 올바르게 잘 활용할 수 있을까'라는 물음에 답을 찾는 데 있다. 이를 위해 뇌교육은 올바른 뇌철학을 근원적인 자산으로 본다. 그래서 뇌교육의 철학은 '널리 인간을 이롭게 한다'라는 단군조선의 건국이념이자 인류 보편의 정신을 담고 있는 '홍익인간' 사상에 뿌리를 두고 있다.

21세기를 '뇌의 시대'라고 하는데, 우리의 전통 정신문화 속에는 새로운 시대를 이끌 핵심 과제가 이미 오래전부터 위대한 유산으로 전해 내려오고 있었던 셈이다. 이 유산의 상속자로서 우리는 뇌를 잘 활용하여 홍익 정신으로 인류 평화를 실현해야 할 것이다.

The Principles of **Brain Education**

홍익인간

뇌는 몸과 마음, 물질과 정신이 만나는 곳이다. 따라서 뇌를 이해하면 의식이 달라지고, 삶을 변화시킬 수 있다는 자신감이 생긴다. 인류 사회에 산적한 문제를 풀고 지구의 평화를 실현할 열쇠도 결국은 뇌 속에서 찾을 수 있을 것이다.

모든 사람의 뇌는 신성이 깃든 훌륭한 뇌다. 그러나 신성이 깨어나기 이전의 뇌는 불안하고 감정적이며 소유하고 지배하려는 욕구에 매우 약하다. 이러한 상태의 뇌에서 평화를 실현할 힘을 기대하기는 어렵다.

뇌의 상태를 바꾸는 가장 궁극적인 방법은 신성을 깨우는 것이다. 신성을 깨움으로써 양심이 살아나고, 양심이 모든 정보처리의 기준이 되면 누구든 인간으로서의 가치를 실현할 수 있다.

양심에 따라 주체적으로 정보를 처리하지 못하면 결국 정보에 의해 움직이는 처지에 놓이게 된다. 정보를 판단하고 선택하는 기준이 없는 사람은 정보에 이리저리 끌려다니는 노예와 다를 바 없고, 욕망과 이기심을 기준으로 정보를 처리하는 사람은 다른 사람과 사회에 부정적인 영향을 끼치는 '나쁜' 사람이 된다. 나쁜 사람이란 '나뿐인' 사람이다. 모두가 하나로 연결되어 있다는 사실을 알지 못하는 어리석고 이기적인 사람이다. 나쁜 사람을 '좋은' 사람, 즉 '조화로운' 사람으로 변화시키는 것이 뇌교육의 목적이다.

뇌교육은 '홍익인간'을 만드는 교육이다. 뇌교육에서 말하는 홍익인간은 '양심에 따라 정보를 처리하는 사람'이다. 양심을 기준으로 정보를 선택하고 활용할 때 '이화세계'가 펼쳐질 것이라는 희망을 품은 사람이 바로 홍익인간이다.

한민족의 건국이념이자 오늘날 대한민국의 교육 이념이기도 한 홍익인간 정신은 〈천부경〉의 원리에서 비롯했다. 인중천지일人中天地一, '사람 안에 하늘과 땅이 있으니, 사람의 가치가 곧 하늘만큼 높고 땅만큼 크다'라는 이 가르침에 따라 서로 존중하고 돕고 살라는 것이 홍익인간 정신이다. 홍익인간은 인간의 가치를 실현하는 정신이자 인류 평화를 이룰 최고의 실천법이다.

'인중천지일' 바로 앞의 문구인 '본심본태양앙명本心本太陽昂明'은 인중천지일의 인간이 어떤 속성을 지녔는지 알려준다. 뜻을 풀이하면 '마음의 근본과 우주 만물의 근본이 하나로 통할 때 일체가 밝아진다'라는 의미다. 이는 곧 양심을 밝히는 원리이기도 하다. 이렇게 마음을 밝힌 사람에게는 하늘과 땅이 하나로 녹아 들어가 있으니, 이것이 곧 양심을 밝힌 홍익인간 아니겠는가.

홍익인간 정신은 '나는 누구인가', '어떻게 살 것인가' 하는 존재론적 물음에 우리 선조들이 제시한 해답이다. 그리고 이는 오늘날에도 여전히 유효한 절대적인 지혜다.

우리나라가 해방 이후 대한민국 정부를 수립할 당시, 법령은 대부분 서구의 법을 기초로 마련했지만, 교육 이념만큼은 우리 고유의 철학인 홍익인간 정신을 채택하여 오늘날까지 '교육기본법'으로 이어지고 있다. 홍익인간을 교육 이념으로 채택한 배경에 대해 당시 〈문교개관〉에서는 다음과 같이 밝히고 있다. "홍익인간은 우리나라의 건국이념이기는 하나 결코 편협하고 고루한 민족주의 이념의 표현이 아니라 인류 공영이라는 뜻으로 민주주의의 기본정신에 부합하는 이념이다. 홍익인간은 우리 민족정신의 정수이며, 일면 기독교의 박애 정신, 유교의 인仁, 그리고 불교의 자비심과도 상통하는 전 인류의 이상이기 때문이다."

교육기본법에서 밝힌 우리 교육의 목적은 세 가지다. 인격을 닦고, 인간다운 삶을 영위하도록 하며, 국가 발전과 인류 공영의 이상을 실현하는 데 기여하는 것이다. 이는 홍익인간의 철학을 고스란히 담고 있다. 우리 교육에서 가장 중요한 목표로 꼽는 것은 지덕체智德體가 조화롭게 발달한 전인全人의 육성이다. 이때 '전인'이란 우리의 교육 이념에 비춰볼 때 '홍익인간'을 의미한다고 할 수 있다.

　홍익인간의 가치는 소수의 엘리트를 중심으로 한 교육이

아니라 모든 사람이 자신의 가치를 실현할 수 있도록 하는 데 있다. 그러나 우리의 교육 현실은 여전히 홍익인간의 이상과는 거리가 멀다. 그렇다면 어떻게 홍익인간의 정신을 실현할 것인가?

홍익인간의 다섯 가지 소양

뇌교육은 홍익인간을 '뇌의 주인으로서 양심을 기준으로 정보 처리를 하는 사람'이라고 정의한다. 그에 따라 뇌교육은 다음과 같은 다섯 가지 소양을 홍익인간의 요건으로 꼽는다.

첫째, 건강한 사람. 오랫동안 건강은 질병이 없는 상태로 인식해 왔다. 그러나 세계보건기구는 건강을 '단지 질병이나 장애가 없는 상태가 아니라 육체적·정신적·사회적·영적으로 안녕한 상태'라고 정의함으로써 건강의 개념을 확장했다.

뇌교육에서는 건강을 더욱 근본적인 차원에서 정의한다. 뇌교육에서 말하는 건강이란 '뇌와 몸의 소통이 원활한 상태'다. 뇌와 몸의 원활한 소통은 육체적·정신적·사회적·영적 건강의 바탕이 된다. 뇌 감각을 깨우는 것을 시작으로 뇌와 몸의 소통을 원활하게 하는 뇌교육 프로그램을 통해 진정한 건강을 이룰 수 있다.

둘째, 능력 있는 사람. 능력이란 지식을 비롯해 창의력, 적응 능력, 자기 계발 능력, 문제해결 능력 등을 두루 포함한다. 능력을 개발하는 가장 효과적인 방법은 목표를 세우는 것이다. 목표가 있을 때 뇌는 그것에 맞춰 기능을 집중시킨다. 이는 뇌의 효율을 최대한 높이기 위한 자체 전략이다. 뇌가 집중 상태에 들어가면 창조성이 깨어나기 시작한다. 집중하는 힘만큼 창의력도 풍선처럼 계속 부풀어 오르다가 어느 순간 펑 하고 아이디어를 터뜨린다. 뇌 속 네트워크에서 서로 연결되지 않고 떨어져 있던 요소들 사이에 새로운 연결이 일어나는 순간이다.

새로운 연결의 출발점은 목표와 비전을 갖는 것이다. 자신이 원하는 것이 무엇인지 알고 그것을 이루려는 의지를 내어 최대한 집중할 때, 뇌 기능이 활성화되면서 창의력이 폭발한다. 이것이 자기 능력을 최대치로 키우는 뇌교육적 방법이다.

셋째, 정서적으로 풍부하고 조화로운 사람. 정서는 감정을 바탕으로 한 느낌이다. 감정을 억압하면 정서가 메마르고, 감정을 자유롭게 잘 다루면 정서도 풍요로워진다. 감정은 지배하고 통제하고 억압할 대상이 아니라, 느끼고 즐기고 활용할 도구다. 감정을 삶의 도구로 즐기고 잘 활용할 때 말과 행동이 자연스럽고, 다른 사람과도 활발하게 교류할 수 있다. 뇌교육은 뇌를 유연하게 하고 부정적인 정보를 정화함으로써 스스로 감정을 조절하는 감각을 키운다. 감정의 파도에 휩쓸리지 않고 감정을 잘 타고 가는 감각은 풍요롭고 조화로운 인생을 여는 열쇠다.

넷째, 창조적이고 영적인 사람. 모든 인간은 창조적이고 영적인 존재다. 모든 뇌에는 그러한 속성이 깃들어 있다. 몸과 뇌가 온전히 소통하여 감각이 열리면 뇌 속의 정보들이 통합되면서 창조성이 깨어난다. 창조적인 작업을 할 때 흔히 영감이 필요하다고 한다. 일상적 감각이 아닌 영적 감각이 필요하다는 뜻인데, 영적 감각을 키우려면 먼저 자유로운 상상을 즐길 수 있어야 한다. 이는 관념과 피해의식에 사로잡히지 않은 유연한 뇌에서만 가능한 일이다. 울창한 숲에서 새가 날아오르듯, 창조적인 영감은 촘촘히 연결된 신경 네트워크 속에서 문득 솟

아오른다.

다섯째, 양심적인 사람. 양심이란 작게는 정직한 마음, 옳고자 하는 의지이고 크게는 빛처럼 밝은 마음이다. 양심은 홍익인 간의 가장 큰 특성이다. 양심의 감각은 누구에게나 있으므로 양심에 따라 살기만 한다면 인류는 곧 평화를 누릴 수 있을 것 이다. 그런데 현실은 그렇지 못하다.

양심대로 살지 못하는 이유는 크게 두 가지다. 하나는 우리 사회가 양심이 무엇보다 중요하다는 신호를 개인에게 보내지 않기 때문이고, 다른 하나는 개개인이 자신의 양심을 지킬 만 한 힘을 갖지 못했기 때문이다.

우리 뇌는 태어난 지 6개월 정도만 되어도 선악을 구별하는 도덕적 판단 기능을 갖춘다. 정신분석학이나 심리학, 교육학 분야에서는 도덕관념이 학습을 통해 형성된다고 보지만, 과학 자들은 이를 태생적 능력이라고 보는 연구 결과를 계속 내놓 고 있다. 아기들도 아는 양심의 감각을 개인과 사회가 의도적 으로 방기한 결과가 지금 우리가 보는 현실이다. 사이코패스 같은 극단적인 사례도 점점 늘고 있다. 사이코패스의 뇌는 도 덕적 틀을 형성하는 데 관여하는 편도체(대뇌변연계에 있는 아몬

드 모양의 뇌 부위로 공포, 불안 등의 감정 반응에 따른 정서적 기억 과정에 관여)와 전전두엽(전두엽의 제일 앞부분으로 의지, 자발성, 계획적 행동, 도덕성 등을 관장)의 기능이 보통 사람에 비해 크게 떨어져 양심의 감각이 아예 파괴된 경우다.

개인의 양심을 살리고, 사회가 양심을 지키며 사는 방식을 지지하는 시스템을 갖추는 것은 이제 이 시대에 가장 절실한 문제가 되었다.

뇌교육이 지향하는 인간상인 홍익인간은 건강한 사람, 능력 있는 사람, 정서적으로 풍부하고 조화로운 사람, 창조적이고 영적인 사람, 그리고 양심적인 사람이다. 뇌교육 5단계의 최종 목표인 '뇌의 주인'도 크게 보면 홍익인간과 같은 의미로 쓰인 말이다. 양심을 기준으로 정보를 선택하고 활용하는 뇌의 주인 이 곧 홍익인간이다.

그렇다면 우리는 왜 홍익인간이 되어야 하는가? 홍익 정신 을 자신의 중심가치로 삼아야 건강하고 행복하고 평화로운 삶 을 살 수 있기 때문이다. 우리 선조들은 일찍이 삶의 가치와 존 재 이유가 홍익에 있음을 깨달았고, 이는 정신적 유전자로 대 대로 이어져 우리 정신문화의 골격을 이루었다. 우리 민족의 중심 철학인 홍익인간 정신은 뇌의 특성과 가치에 정확히 부합한다. 뇌교육이 이를 현대 뇌과학에 접목하여 구체적인 방법론을 마련함으로써 그 가치를 되살리고자 한다.

또한 천부경과 홍익인간 정신의 전통을 잇는 선도 수행법들은 뇌 기능을 활성화하는 효과가 뛰어나 이를 체계화하여 다양한 뇌교육 프로그램으로 발전시키고 있다. 선도의 심신 수련은 몸과 마음을 하나로 보고 몸을 단련함으로써 마음을 다스리는 것을 기본 원리로 한다. 이는 몸과 뇌가 하나의 신경계로 연결되어 있음을 밝힌 뇌과학의 관점과도 일치한다. 특히 외부에서 들어오는 감각 자극을 끊음으로써 내부의 감각을 살리는 지감止感, 호흡을 고르게 하여 마음을 평안하게 하는 조식調息, 욕구에 따라 습관적으로 행하던 것들에서 벗어나는 금촉禁觸 등 선도 수행의 핵심을 이루는 세 가지 수련법은 몸의 감각을 조절함으로써 신경계에 긍정적인 변화를 일으키는 매우 탁월한 수련법이다.

홍익 정신은 그 자체로 뇌의 핵심 운영 원리라고 할 수 있다. 뇌교육은 우리 정신문화의 전통 속에서 찾아낸 뇌의 핵심 운영 원리를 현대적으로 체계화한 것이다.

21세기는 물질문명에서 정신문명으로 넘어가는 문턱에 해당하는 시기다. 과학이 발달함에 따라 생명 가치의 중심이 심장에서 뇌로 옮겨왔듯이, 인간의 의식이 진화하면 인류 문명의 중심도 물질에서 정신으로 옮겨갈 것이다. 따라서 이 시대를 사는 우리가 지금 정신문명으로 전환하는 분명한 흐름을 만들지 못한다면 인류는 더 이상 미래의 희망을 말할 수 없을지도 모른다. 뇌교육은 홍익 정신을 중심으로 인간 정신의 가치를 회복함으로써 인류가 꿈꾸는 미래를 실현하고자 한다.

4장

뇌교육의 원리

The Principles of

Brain Education

The Principles of **Brain Education**

1 | 몸의 작용 원리

뇌교육은 몸의 감각 체험을 통해 뇌 기능을 활성화하고, 뇌에 실질적인 변화를 일으키는 것을 목표로 한다. 이에 뇌교육은 몸의 작용 원리, 뇌의 작용 원리, 몸과 뇌가 통합되는 원리에 따라 가장 효과적인 프로그램을 구축하고 있다.

몸과 신경계

몸과 뇌, 둘 중에 먼저 출현한 것은 몸이다. 몸이 먼저 있고, 몸의 필요에 따라 뇌가 나중에 만들어졌다. 단세포가 다세포를 이루고, 다세포 집단이 점점 커지면서 어느 쪽으로 움직일지를 결정해 세포들에 같은 신호를 전달할 필요가 생겼다. 그래서 만들어진 것이 뇌다.

지금과 같은 뇌로 발달하기까지는 매우 긴 시간이 걸렸고, 그러는 동안 몸은 뇌 없이 오랜 세월을 보냈다. 뇌가 없는 생물체는 얼마든지 있다. 해파리, 히드라, 말미잘, 편충처럼 뇌 없이 최소한의 신경 구조만으로도 효율적인 생존 체계를 갖춘 동물들이 있는가 하면, 그러한 신경 구조조차 없는데도 인간의 눈에는 지성으로 보일 만큼 치밀한 생존 전략을 구사하는 균류 같은 생물체도 있다.

뇌는 우리 몸과 정신을 관장하는 사령탑이면서, 뇌가 곧 나라고 할 만큼 개체를 대표하는 기관이다. 그렇지만 뇌가 모든 것을 다 하는 것은 아니다. 뇌가 모든 것을 처리해야 한다면 오히려 비효율적이며 생존에도 위험한 방식이 될 것이다. 예를 들어, 발을 앞으로 내디디려는 순간 바닥에 떨어진 압정을 보면 반사적으로 몸을 움직여 재빨리 이를 피한다. 이런 긴박한 상황에서는 몸의 제일 위쪽에 있는 뇌에 위험 신호를 올려보낸 뒤 다음 명령을 기다릴 여유가 없다. 이럴 때는 몸이 즉각적으로 반응하는 것이 생존하는 데 더 유리하므로 우리 몸에는 뇌를 거치지 않고 직접 반응하는 감각 체계가 만들어져 있다.

몸은 뇌와 긴밀하게 협력하면서도 스스로 반응하고 조절하는 독자적인 기능을 갖추고 있다. 뇌가 출현하기 이전부터 몸은 생존 활동을 해왔기 때문에 이는 어찌 보면 당연하다. 다만 생태계가 점차 복잡해지면서 환경에 더 안전하고 효율적으로 적응하기 위해 몸에 뇌가 필요했고, 이후 인간의 뇌는 크게 발달해 때로는 뇌가 몸을 압도하는 것처럼 보이기도 한다. 그러나 분명한 것은 뇌의 발달은 기본적으로 몸을 통해서 가능하다는 사실이다. 몸을 통한 오감의 자극이 뇌에 전달되어야 그 자극에 반응하는 뇌의 체계들이 만들어지고 강화된다.

뇌가 하는 일은 기본적으로 바깥에서 오는 정보를 알아차리는 것이며, 그 바깥의 대표적인 것이 '몸'이다. 몸에 변화를 주면 뇌가 깨어난다. 뇌교육의 기본 프로그램인 '뇌체조'는 뇌와 몸의 관계를 이해하고, 신체 조절 능력을 습관화한다는 점에서 인간 두뇌 발달의 기제와 맞닿아 있다.

'움직임'은 동물動物(움직이는 것)과 식물植物(심겨 있는 것)을 구분 짓는 대표적인 차이다. 동물의 생명은 움직임으로 시작되고 나이가 들면 점차 움직임이 둔해진다. 그러다 움직임이 멈추면 생을 마감한다. 뇌를 깨우는 시작은 다름 아닌 움직임이다.

뇌교육은 뇌를 생물학적 대상이 아니라 변화를 일으키고 활용할 수 있는 대상으로 인식하는 데서 출발한다. 신체적·정서적·인지적 변화를 주는 다양한 훈련법에서부터 뇌 상태를 더 빠르게 변화시킬 수 있는 천연식물을 비롯한 다양한 매개체도 뇌활용의 범주에 포함할 수 있다. 잊지 말아야 할 점은 뇌에 근본적이고 상시적인 자극을 주는 대상이 바로 '몸'이라는 사실이다.

생물종의 진화를 살펴보면 움직임의 다양성과 복잡성, 감정의 출현, 언어와 자의식의 발달로 이어진다. 진화론적 관점에서 그 출발은 움직임의 진화이며, 이것이 의식의 발달로 이어진다.

몸의 세 가지 차원

뇌교육에서는 몸을 세 가지 차원에서 바라본다. 눈에 보이는 물질적 차원의 육체(Physical Body), 에너지 차원의 에너지체

(Energy Body), 의식 차원의 정보체(Spiritual Body)가 그것이다.

지금까지 뇌를 바라보는 기존 사고의 틀을 깨고 보다 큰 차원에서 인간의 몸을 정의함으로써, 몸을 움직이는 총사령탑인 뇌에 관해 새롭게 알아보고자 한다. 뇌를 제대로 운영하기 위해서는 눈에 보이는 차원이 아니라 보이지 않는 차원까지 인식할 수 있어야 하기 때문이다.

뇌는 두개골 안에 있는 복잡한 시스템만이 아니다. 그 시스템 안에 존재하는 수많은 신경세포가 모여 정보가 형성되고, 그 정보가 에너지의 형태로 전환되어 결국 물질의 형태로 나타나게 된다. 보이는 것과 보이지 않는 것은 동전의 양면처럼 하나로 이어져 있다. 따라서 뇌를 운영하려면 이 모든 것을 전체적으로 바라보고 활용할 수 있어야 한다. 또한 뇌와 몸은 하나이므로, 세 가지 차원에서 몸을 새롭게 인식한다는 것은 결국 뇌를 그렇게 바라본다는 뜻이다. 뇌와 몸을 분리해서 생각하지 않는 것, 그것이 자연스러운 상태다.

육체의 특징은 눈으로 볼 수도 있고 손으로 만질 수 있다는 점이다. 시각·청각·후각·미각·촉각의 오감을 통해 느낄 수 있다. 반면 에너지체는 만질 수는 없지만 느낄 수는 있다. 몸과 마음이 충분히 이완되고 의식이 깨어 있을 때 육체를 둘러싼 에너지장을 느낄 수 있다.

우주가 끝없이 진동하며 파동치는 에너지로 가득 차 있듯이 인체도 하나의 에너지체다. 모든 생명체에 흐르는 생명에너지인 기氣는 누구나 지닌 생명 감각이며, 이 에너지 교류가 원활해야 몸의 기능도 제대로 발휘된다. 코가 막히면 숨쉬기가 답답하듯이 에너지 교류가 막히면 몸도 답답함을 느낀다. 예상치 못한 황당한 일을 당했을 때 흔히 쓰는 '기가 막힌다'라는 말도 여기에서 유래한 것이다.

기 감각을 터득하면 우리 몸의 에너지체를 쉽게 느끼고 회복할 수 있다. 에너지체에 대한 인식과 감각 회복은 뇌 감각을 깨우는 데 매우 중요하다. 만질 수도 없고 볼 수도 없는 뇌를 운영하려면 보이지 않는 교류가 필수적이며 이러한 에너지 교류의 감각이 열려야 뇌를 운영하는 새로운 채널이 열린다.

마지막 정보체는 오감으로 감지되지 않는 정보의 영역으로, 에너지체 바깥을 둘러싸며 작용한다. 이때 정보는 매체나 사람을 통해 받아들이는 사실이나 지식뿐만 아니라 상상·생각·느낌·감정 등을 포함하는 더 포괄적인 의미의 정보를 뜻한다.

우리의 몸은 이러한 육체, 에너지체, 정보체가 서로 관계를 맺으며 하나의 유기체로 통합되어 작용한다. 이는 몸을 이루는 세 가지 차원이자 뇌를 변화시키는 세 가지 요소이기도 하다.

몸에서 구하다

몸과 뇌는 하나의 신경계로 연결되어 있다. 몸은 뇌로 감각 정보를 올려보내고, 뇌는 몸에 운동 명령을 내려보내면서 둘은 매우 긴밀한 체제로 운영된다. 몸과 뇌는 끊임없이 자극과 반응을 주고받으며 서로에게 직접적인 영향을 미친다. 그래서 몸을 단련하는 것은 곧 뇌 기능을 활성화하는 것이고, 몸을 관리하는 방법은 그대로 뇌 관리법이 된다. 따라서 뇌를 개발하려면 먼저 몸을 쓰는 방법을 알아야 한다.

사람들은 새로운 전자기기를 구매하면 사용 설명서를 읽으며 기기 사용법을 익힌다. 만약 귀찮거나 시간이 없다는 이유로 이를 살펴보지 않으면 기기의 기능을 충분히 활용하지 못하거나 잘못 사용해 고장 내기 쉽다. 그런데 세상 그 어떤 전자기기보다 훨씬 더 정교한 몸을 쓰면서 그 사용법조차 모른다면 그것이야말로 안타깝고 위태로운 일이다.

몸은 태어날 때부터 알아서 작동했기 때문에 사람들은 하염없이 몸을 쓰기만 할 뿐 몸에 큰 문제가 생기기 전까지는 몸에 특별히 관심을 기울이지 않는다. 더구나 학교에서 몸 쓰는 법을 가르쳐주는 것도 아니니, 먹는 것을 조금 주의하고 운동을 챙기는 정도가 관리의 전부다.

그러나 우리 몸은 뇌에 직접적인 영향을 미치는 정교한 신경계로 이루어져 있고, 눈에 보이지 않는 수많은 작용이 숨어 있는 작은 우주와 같다. 몸의 작용 원리를 모르고 몸과 뇌의 관계를 이해하지 못하면 우리 몸과 뇌에 잠재된 기능을 충분히 활용할 수 없다. 또한 몸의 작용 원리를 거스르는 방식으로 몸을 쓰면 인체 시스템의 균형이 무너지면서 몸과 마음에 여러 문제가 생기기도 한다.

오늘날 대한민국 학교 현장이 직면한 세계 최고의 청소년 자살률과 최저의 행복지수를 해결하는 시작점은 멀리 있지 않다. 바로 우리 '몸'에 있다. 잃어버린 몸의 감각을 깨우는 것이다. 서구 교육 모델이었던 지덕체智德體는 이제 체덕지體德智 순서로 바뀌어야 한다.

몸에서 구하는 것은 한민족 정신문화의 원형인 선도仙道의 핵심 요체이기도 하다. 한국의 선조들은 예로부터 몸과 마음을 함께 수련하는 것을 가르침으로 삼았다. 고구려의 조의선인과 신라의 화랑 역시 그러한 전통 속에서 길러졌다.

선도에서는 몸과 마음이 분리되어서는 안 된다고 보고, 인체를 몸과 마음을 연결하는 에너지를 포함한 '정-기-신'의 관점에서 바라보았다. 또한 인체의 에너지센터인 '단전'이 상단전·중단전·하단전 세 곳에 있다고 본다. 정충기장신명精充氣壯神明, 곧 '정은 충만하고 기는 장하며 신은 밝아진다'라는 말은 개인의 의식 변화를 이끄는 원리를 보여준다. 현대적으로 발전한 뇌교육이 인체를 육체·에너지체·정보체의 세 가지 차원으로 인식하고, 보이는 것과 보이지 않는 것을 연결하는 에너지를 핵심 기제로 두는 이유이기도 하다.

정충精充은 정이 충만한 상태, 즉 생명력이 강한 상태다. 선천적으로 정이 약하면 체질이 허약하고, 정이 강하면 튼튼한 체질을 갖게 된다. 그러나 정기를 강하게 타고났더라도 계속 소모하기만 한다면 건강을 지키기 어렵다. 생명 활동 자체가 정을 소모하는 과정이므로 정기는 지속적으로 보충해 주어야 한다. 만약 몸이 매우 건강하고 정신적으로도 안정된 상태라면 숨만 잘 쉬어도 정기는 보충된다. 그런데 대개는 호흡만으로 정충 상태에 이르지는 못한다. 숨을 제대로 쉬지 못하기 때문이다.

편안하고 깊은 호흡을 가로막는 주요 원인은 스트레스와 분노다. 화나는 감정을 억누르고 스트레스에 짓눌리면 목과 어깨가 굳어 숨이 깊이 내려가지 못한다. 얕고 고르지 못한 호흡이 계속되면 머리가 무거워지고 불안감이 일면서 차츰 의욕을 잃게 된다. 심인성 질환으로 분류되는 대부분의 증세가 이런 호흡 문제에서 시작된다.

정충의 가장 기본이 되는 숨쉬기를 제대로 하려면 척추의 각도에서부터 심리 상태까지 파악하고 조절하는 감각이 따라야 한다. 이런 감각은 누구나 일정 정도의 훈련을 하면 터득할 수 있다. 그런데 참으로 안타까운 것은 너무 많은 사람이 이런 감각을 찾지 못한 채 인생의 마지막 숨을 몰아쉬며 삶을 마친는 사실이다.

건강의 기본은 정충이다. 건강은 정충에서 시작된다. 우리 몸에서 정충을 이루는 가장 중심 부위는 하단전이다. 단전은 해부학적으로 눈에 보이지 않는 기관이다. 하지만 우리 몸에서 나오는 '힘'이나 '생각'이 보이지는 않지만 존재하듯 단전도 감각적으로 분명히 그 작용을 느낄 수 있다.

우리 몸에는 크게 상단전·중단전·하단전 세 개의 단전이 있다. 정충의 센터인 하단전은 대개 배꼽에서 3센티미터 아래쪽에 위치한다. 가슴에 있는 중단전은 기장의 센터이고, 머리에 있는 상단전은 신명의 센터다.

하단전이 살아나 에너지 발전소로서의 기능이 강력해질수록 몸에 힘이 넘치고, 몸의 모든 기능이 원활하게 돌아간다. 또한 하단전이 튼튼하면 몸의 중심이 하체로 내려와 자세가 안정되고, 아랫배의 따뜻한 기운으로 몸 전체의 기운을 쾌적하게 흐르게 한다. 하단전을 튼튼하게 하는 것이 정충의 출발이다. 그리고 정충의 다음 단계인 기장과 신명도 정충이 바탕이 되어야 제 기능을 할 수 있다.

기장氣壯은 기가 장한 상태, 즉 마음이 열린 상태다. 정충을 바탕으로 기가 장해지면 몸의 에너지를 마음의 에너지로 전환하는 힘이 생기고, 감정을 조절하는 감각이 깨어난다. 또한 정서적으로 안정되고, 다른 사람에게 관심을 기울이며, 자연과 모든 생명체가 하나라는 자각이 일어난다. 이때 우리 몸은 좀 더 완전한 건강에 가까워진다.

앞에서 언급한 〈삼일신고〉의 '진리훈'에서는 기를 이렇게 설명한다. '기氣는 의명依命하여 유청탁有淸濁하니 청수탁요淸壽濁

殀라.' 기는 생명에 의지하는 것으로 맑고 탁함이 있으니, 기가 맑으면 오래 살고 탁하면 쉬 죽는다는 뜻이다. 그래서 '기강氣剛'이라고 하지 않고 '기장氣壯'이라 한다. 기가 센 것만 중요하다면 기강이라 했겠지만, 맑은 기가 크게 돌아야 생명력이 살아나므로 기장이라고 한 것이다.

정기를 든든하게 채우는 정충 단계를 거쳐 기를 맑게 강화하는 기장 단계에 이르면 몸도 마음도 아주 건강하고 활기차진다.

신명神明은 정신이 밝은 것이다. 정신이 밝다는 것은 의식이 맑은 상태, 신성이 깨어난 상태다. 정충, 기장을 이루고 신명 단계에 이르면 건강한 몸과 마음을 바탕으로 신성이 깨어나 진정한 자기 인생의 주체로서 창조적인 삶을 살 수 있다.

신명의 상태를 신경세포의 활동 상황으로 설명할 수도 있다. 신경神經이란 '정신이 지나다'라는 뜻이니 신경세포는 '정신이 지나다니는 길'이라 할 수 있다. 이 신경세포들이 전기신호를 전달하는 순간을 '발화發火'한다고 하는데, 그렇다면 신경세포가 발화하는 순간을 '명明'이라고 할 수 있을 것이다. 신경세포들이 정보를 활발하게 처리하면서 광섬유처럼 밝게 빛나는 장면을 상상해 보면 신명의 상태를 좀 더 생생하게 이해할 수 있을 것이다.

뇌 속에는 언제나 꺼지지 않고 환하게 빛을 발하는 정보가 있어 모든 정보처리의 안내자 역할을 한다. 이를 신명이라 할 수 있다. 늘 밝게 빛나는 핵심 정보, 그것이 신성이고 양심일 때 신명을 이룰 수 있다.

신명 상태가 되려면 먼저 정충 상태를 이루어 든든하게 뒷받침해야 한다. 발전소가 힘차게 돌아가면서 전기를 안정적으로 공급해야 전구가 깜빡거리지 않고 불을 밝히는 것과 같은 이치다. 정충이 되지 않아 정기가 허약한데 신명 하려고 하면 엉뚱한 생각으로 빠지기 쉽다. 기장도 마찬가지다. 정충 없이 기장하려면 마음의 힘을 받쳐주지 못해 기장 상태를 유지하기 어렵다.

정충, 기장, 신명은 완전한 건강을 이루는 원리다. 정충은 그 가운데서도 가장 기본이 되는 몸의 작용 원리다. 뇌교육은 '정충'을 기본으로 '기장'하고 '신명'하는 인간을 목표로 한다. 인간의 몸과 마음과 정신을 하나로 꿰는 이 원리를 통해 인간됨을 완성하고자 하는 것이다.

The Principles of **Brain Education**

2 뇌의 작용 원리

뇌는 무수히 많은 일을 한다. 그 일들이 표현되는 방식은 매우 다양하지만, 뇌의 입장에서는 모두 전기신호 형태로 된 정보를 처리한 결과일 뿐이다. 오욕칠정을 불러일으키는 감정의 정체도 내 안에 실재하는 것이 아니라, 뇌 속에 전기신호 형태로 들어온 정보에 뇌가 반응하면서 나타나는 현상이다. 성격, 정서, 취향, 태도 같은 것들도 본래 내 안에 특정한 형태로 고정된 것이 아니라 뇌 속에서 습관적으로 이루어지는 정보처리의 결과물이다.

정보처리 기관인 뇌는 정보를 만나면 그에 맞춰 반응한다. 음식을 맛있게 먹다가도 기분 상하는 얘기를 들으면 입맛이 사라지고, 의기소침하다가도 누군가 진심 어린 격려를 건네면 어깨가 쭉 펴진다. 실제 상황에 관계없이 단지 정보에 따라 불행해지기도 하고 행복해지기도 하는 것이다.

이렇듯 뇌는 정보에 민감하다. 그러니 정보 관리가 얼마나 중요한가. 뇌교육에서는 정보 관리라는 말 대신 '뇌를 디자인한다'라고 표현한다. 이 말이 정보 관리라는 표현보다 뇌를 좀더 창조적으로 활용하는 감각을 깨우는 데 도움이 된다고 보기 때문이다. 그러니까 이것도 정보에 민감한 뇌를 의식한 표현법이라고 할 수 있다.

뇌를 잘 디자인하는 사람은 자기 인생을 예술로 만드는 예술가가 될 수 있다. 흔히 '인생은 짧고 예술은 길다'라고 하는데, 이는 인생이 대체로 지리멸렬한 데 비해 예술은 삶의 가치를 감동적으로 드러내며 많은 이들에게 지속적으로 영향을 미치기 때문일 것이다. 그런데 실제로 자기 삶의 가치를 실현하며 살아간다면 인생은 그 자체로 예술과 다름없지 않겠는가. 그런 인생을 창조한 사람은 자신의 뇌를 훌륭하게 디자인한 예술가다.

뇌의 정보처리 방식

플라세보와 노세보 현상에 관련된 사례들을 살펴보면 뇌가 정보에 어떻게 반응하는지 알 수 있다.

제약회사에서 신약을 개발하면 약효를 검증하는 단계에서 위약 실험이라는 것을 한다. 환자를 두 그룹으로 나누어 한 그룹에는 신약을, 다른 그룹에는 약 성분이 전혀 없는 가짜 약을 투여한 뒤 반응을 관찰한다. 이는 가짜 약을 투여받은 그룹에서도 약 30%의 치료 효과가 나타나기 때문에, 신약은 그 이상의 효과를 보여야 약효를 인정받을 수 있다.

이런 실험에서 가짜 약이 발휘하는 치료 효과를 '플라세보 효과(Placebo effect)'라고 한다. 위장병 환자를 두 그룹으로 나누어 각각 기존의 위장약과 특수한 신약을 투여한다고 알린 뒤, 일정 기간 관찰하면 양쪽에서 모두 약효가 나타난다. 신약을 먹은 그룹이 기존의 약을 먹은 그룹보다 치료 효과가 조금 더 높은 것으로 나타나는데, 이는 놀라운 결과다. 사실 두 약 모두 위장약이 아니기 때문이다. 약을 먹었으니 좋아질 것이라는 믿음, 새로 개발한 약이니 효과가 클 것이라는 기대감 때문에 실제로 치료 효과가 나타난 것이다.

뇌는 이렇듯 정보에 민감하게 반응한다. 그러나 무조건 반응하는 것은 아니다. 들어온 정보에 대해 뇌가 어떤 태도와 기준으로 처리하느냐에 따라 나타나는 반응은 크게 달라진다.

플라세보는 '즐겁게 한다'라는 뜻이다. 흔히 마음의 위력을 입증하는 예로 플라세보 효과를 언급하곤 하는데, 이와 반대되는 현상인 노세보 효과(Nocebo effect)도 있다. 노세보는 '해를 끼친다'라는 뜻으로 정보에 대해 부정적인 반응을 나타내는 현상을 가리킨다. 예를 들어, 여러 사람이 같은 음식을 나눠 먹은 뒤 그중 한 사람이 음식이 상한 것 같다면서 배를 움켜쥐면 다른 사람들도 메스꺼움을 호소하거나 배가 아프다고 하는 경우가 이에 해당한다. 실제로는 음식에 아무 문제가 없는데도 뇌가 이를 상한 음식이라고 믿으면 몸에서 식중독 반응을 일으키는 것이다.

이처럼 뇌 속에 들어온 정보를 긍정적으로 처리하면 긍정적인 반응을, 부정적으로 처리하면 부정적인 반응을 불러오는 원리가 우리 뇌에서 작동한다. 실제 정보의 사실 여부와 관계없이 뇌가 믿는 대로 반응하는 것이다.

중요한 것은 우리 뇌가 언제 어디서나 어떠한 상황에서든 스스로가 원할 때 뇌의 변화를 일으킬 수 있도록 만들어져 있다는 사실이다. 더욱이 긍정적인 생각으로 플라세보 효과를 계속 일으킬 수도 있다. 자기 뇌를 잘 알고 스스로에게 지속적으로 긍정적인 효과를 가져다줄 수 있도록 사용하면 되는 것이다. 그런데 나쁜 마음을 먹고 한다면 마음을 쓰는 동기가 어떻든 같은 원리가 작용할 것이다. 그러나 그 결과는 주변 사람들에게는 물론, 누구보다 자기 자신에게 가장 큰 노세보 효과로 돌아온다는 사실 또한 알아야 한다.

습관의 회로

우리 뇌는 끊임없이 변한다. 몸이 잠자는 동안에도 뇌는 쉬지 않고 정보를 처리하면서 뇌회로를 변화시킨다. 뇌는 무수한 회로로 이루어진 신경다발이다. 뇌에 들어온 전기신호가 신경세포를 타고 흐르면 그것이 하나의 회로를 이룬다.

뇌회로가 한 번 만들어지면 외부에서 같은 자극이 들어올 때마다 그 회로가 정보처리를 맡는다. 자극이 반복될수록 회로는 강화되고, 강화된 뇌회로는 늘 같은 방식으로 정보를 신속하게 처리한다. 이것이 '습관'이다. 뇌의 입장에서는 이렇게 뇌회로를 만들어 습관화하는 것이 훨씬 경제적이고 효율적이다.

그러나 뇌회로는 전깃줄같이 단순한 하나의 선이 아니다. 수많은 뉴런과 뉴런이 시냅스로 연결된 점들의 집합체다. 하나의 신경세포에서 축삭돌기를 통해 정보를 내보내면 다음 신경세포에서 수상돌기를 비롯해 정보를 받아들이는 접점이 수천 개에 이른다. 따라서 정보를 전달하는 경우의 수가 엄청나게 많아질 수밖에 없다. 그러니 아무리 습관이 되었다고 해도 늘 똑같은 상황을 재연할 수는 없다. 예를 들어, 골프채를 들고 같은 힘으로 1백 번의 스윙을 한다고 해도 공을 칠 때 뇌에서 일어나는 작용은 단 한 번도 같지 않다. 매번 조금씩 다른 뇌회로가 작동하기 때문이다. 스윙 연습을 많이 하면 실력은 늘지만 아무리 반복하더라도 매번 다른 뇌회로가 반응하기 때문에 스윙이 똑같을 수는 없다.

변화하는 것은 뇌의 기본 특성이다. 그런데 왜 습관적인 생각과 행동을 바꾸기가 그렇게 어려운가? 이 역시 뇌의 또 다른 속성 때문이다. 뭔가를 바꿔야 한다는 정보가 뇌에 들어오면 뇌는 그것을 '지금 상태가 잘못됐다'라는 오류 신호로 받아들인다. 여기서 두 가지 반응이 나타난다. 하나는 잘못됐다는 사실에 뇌가 위축되어 두려운 감정을 일으키는 것이고, 다른 하나는 뇌가 정보를 처리할 때 에너지를 최소화하려는 특성 때문에 새로운 뇌회로를 만들기보다는 기존의 회로를 계속 사용하려는 것이다. 이 두 가지 반응 때문에 뇌는 변화에 성공하지 못하는 경우가 많다.

우리 뇌는 늘 변화하는 속성과 함께 변화를 회피하는 속성도 갖고 있다. 뇌의 변화하는 속성을 이용하려면 우선 목표가 명확해야 한다. 목표가 명확하지 않으면 변화의 방향을 잡지 못해 뇌는 주춤거리며 제자리를 맴돈다.

변화를 회피하는 속성을 조절하여 변화에 성공하려면 '잘못됐다'는 방식으로 접근하기보다는 '새로운 균형을 찾자'는 방식이 훨씬 더 효과적이다. 이렇게 하면 두려움에 따른 회피 반응을 줄일 수 있다.

뇌가 정보처리에 드는 에너지를 최소화하려는 습성 역시 변화에 적잖은 걸림돌로 작용한다. 습관을 바꿔 변화하겠다는 의지를 내긴 했는데 힘이 드니까 자꾸 에너지 소모가 적은 이전 상태로 돌아가려는 것이다. 그러나 이런 고비를 넘겨야 새로운 뇌회로에 힘이 붙으면서 이전의 회로는 서서히 약화한다.

사소한 생활 습관을 바꾼 작은 변화라도 하나의 뇌회로에 변화가 일어나면 연쇄적으로 다른 회로에도 영향을 미쳐 다음 변화를 부채질한다. 그래서 처음 변화를 시작할 때가 가장 어렵고, 이후에는 변화에 차츰 탄력이 붙으면서 더 큰 변화로 이어질 수 있다.

기억의 정체

기억에는 장기기억과 단기기억이 있다. 외부에서 들어온 정보는 일단 해마에 단기기억으로 저장되고, 이 가운데 중요한 정보는 대뇌피질로 보내져 장기기억으로 처리된다. 이때 해마가 정보를 장기기억으로 분류하는 과정에 편도체가 개입한다. 편도체는 뇌 속에 들어온 정보에 대해 좋다거나 싫다는 감정 반응을 나타내는데, 해마는 이러한 편도체의 감정 반응에 영향을 받아 기억을 장기로 저장할지 단기로 저장할지를 결정한다. 편도체의 감정 반응이 미약하면 해마에 잠깐 기억했다가 삭제하고, 감정 반응이 강하게 일어나면 중요한 정보로 인식하여 오래 기억하기 위해 대뇌피질로 보낸다.

이 같은 기억의 전략 때문에 불쾌하거나 고통스러운 경험일수록 장기기억으로 남게 된다. 죄책감, 분노, 수치심, 두려움, 억울함 같은 감정 반응을 불러일으킨 경험은 시간이 지나도 쉽게 잊히지 않고, 떠올리고 싶지 않은데도 당시의 감정적 고통과 함께 기억이 되살아나곤 한다.

이렇게 지난 기억에 얽매여 부정적 감정에 치우치는 피해의식에 빠지면 자신감이 사라지고 판단력과 실행력이 떨어진다. 사람들은 흔히 실수나 실패를 통해 교훈을 얻었다고 말하지만, 흥미롭게도 우리 뇌는 자신의 실패 경험에서는 배우려 하지 않는다. 다른 사람의 실패에서는 교훈을 찾을 수 있지만, 자신의 실패는 고통스러운 감정을 동반하기 때문에 다시 그 경험을 떠올리려 하지 않는다.

부정적 감정을 일으키는 기억을 마치 없었던 일처럼 깨끗이 지우는 방법은 없다. 다만 그 기억을 떠올릴 때 함께 되살아나는 감정을 정화하는 것이 가장 바람직한 치유의 방식이다. 감정적인 기억은 부정할수록 더 깊숙이 자리를 잡는다. 어떤 감정이든 부정하거나 회피하지 말고, 자신이 그렇게 느끼고 있다는 사실을 먼저 인정해야 한다. 그런 다음 그 감정과 연관된 경험에서 차츰 의미를 찾다 보면, 시간이 흐르면서 그 경험 전체를 긍정할 수 있게 된다.

기억이란 사실을 사진처럼 찍어 뇌라는 앨범 속에 끼워두는 것이 아니다. 기억은 고정된 정보가 아니기 때문에 기억을 떠올린다는 것은 사진을 꺼내 보듯 사실을 그대로 복기하는 것이 아니라, 과거의 신호 흐름을 다시 재현하는 과정이다. 따라서 기억은 떠올릴 때마다 재편집되면서 매번 새롭게 구성된다. 이런 과정을 거치면서 우리는 의식하지 못한 채 자신에게 불리한 대목은 지우고, 흐릿한 부분에는 이야기를 끼워 맞추는 식으로 기억을 재구성한다.

우리의 기억은 온전한 사실이 아니다. 뇌가 해석하고 편집한 정보일 뿐이다. 기억 역시도 뇌의 현상이다. 뇌의 주인으로서 정보처리의 주체가 되지 않으면 기억의 불확실성과 감정의 소용돌이 속에서 길을 잃기 쉽다.

뇌파의 작용과 조절

부정적인 기억과 감정에서 어떻게 벗어날 수 있는가. 이는 삶에서 매우 중요한 기술이다. 그러나 이 기술은 지식으로는 결코 터득할 수 없다. 직접적인 감각 체험을 통해서만 깨우칠 수 있다. 의식이 밝게 깨어 있고, 마음이 맑고 편안한 상태를 만드는 가장 직접적이고 효과적인 방법은 뇌파를 안정시키는 것이다.

뇌파란 뇌가 활동하면서 발생하는 전기신호의 파동이다. 파동의 진동수와 진폭에 따라 뇌파는 다섯 가지로 분류된다. 불안하거나 흥분한 상태에서 나타나는 감마파(30Hz 이상), 일상적인 활동을 할 때 나타나는 베타파(14~30Hz), 안정되고 편안한 집중 상태에서 나타나는 알파파(8~13Hz), 느긋한 졸음 상태에서 나타나는 세타파(4~7Hz), 깊은 잠에 빠져 있을 때 나타나는 델타파(0.5~3Hz) 등 뇌파에는 뇌의 현재 상태가 반영되어 있다.

뇌의 활동을 반영한 것이 뇌파라면, 반대로 뇌파를 조절하여 뇌의 활동을 변화시킬 수도 있을 것이다. 뇌교육은 이에 주목하여 뇌파를 스스로 조절하는 방법을 연구했다. '뇌파진동'이 바로 그것이다. 뇌파를 조절하는 목적은 가장 안정된 뇌파 상태를 만들기 위해서다. 뇌파가 안정되면 마음이 편안해지고 집중력이 향상되며, 행복감을 느끼게 하는 세로토닌 같은 신경전달물질이 분비된다. 또한 뇌 기능이 안정됨에 따라 몸의 신진대사도 원활해진다.

사실 우리는 일상적으로 자신의 뇌파를 늘 조절하면서 산다. 음악을 듣고, 운동을 하고, 술을 마시는 등의 활동은 모두 뇌파를 조절한다. 다만 스스로 뇌파를 조절할 수 있다는 사실을 명확히 인식하면 필요에 따라 더 적극적으로 뇌파를 조절할 수 있다.

부정적인 감정에 사로잡혀 있을 때도 되도록 빨리 자신의 상태를 알아차리고 뇌파를 조절하면 그 감정에서 벗어날 수 있다. 현대인들의 정신적 문제 가운데 점점 더 심각해지는 우울증 역시 뇌파를 조절하는 감각을 키우면 증세를 완화할 수 있다.

스트레스 상태에서도 마찬가지다. 뇌파를 조절하여 스트레스에 눌린 몸과 뇌의 긴장을 풀어주면 문제를 해결할 힘을 회복할 수 있다.

뇌교육을 통해 스스로 안정된 뇌파를 만드는 기술을 터득할 수 있다. 우울할 때, 화날 때, 집중이 되지 않을 때, 복잡한 생각을 정리하고 싶을 때, 몸이 피곤할 때 자신의 뇌파를 스스로 조절해 몸과 마음의 상태를 바꿀 수 있다면, 이는 삶을 영위하는 최고의 기술이자 진정한 지혜라 할 것이다.

가소성과 신경 네트워크

필요하면 변화하고 창조하는 것이 생명의 원리이자 우주의 법칙이다. 인간의 뇌도 이 원리와 법칙에 따라 진화해 왔다. 인간이 계속 변화하고 창조할 수 있는 것은 뇌가 그러한 기능을 선택했기 때문이다. 변화와 창조는 본래 뇌에 내재한 기본 능력이다.

뉴런과 시냅스로 연결된 뇌의 네트워크에서는 뇌회로가 끊임없이 새로 만들어지고 사라지며 때로는 단절되기도 한다. 뇌 속에 이러한 변화를 일으키는 재료는 물론 정보다. 정보에 따라 변화하는 뇌 가소성 덕분에 인간은 환경이 달라져도 적응하며 살아갈 수 있는 능력을 갖추게 되었다.

그동안 뇌의 신경세포는 한 번 죽으면 재생되지 않는 것으로 알려졌지만, 최근 일부 부위에서는 세포가 재생된다는 사실이 확인되었다. 또 뇌의 한 부위가 손상되면 그 부위가 담당하던 기능을 잃게 되는데, 이 경우에도 훈련을 계속하면 손상된 부위 주변의 신경세포가 그 기능을 새롭게 학습한다는 사실이 밝혀졌다.

예를 들어, 사고로 언어 기능을 담당하는 부위가 손상되어 말을 하지 못하게 된 경우에도 말하기 훈련을 지속하면 주변 신경세포가 그 기능을 학습해 다시 말할 수 있게 된다. 심지어 좌뇌가 도맡아 하던 기능을 우뇌가 대신하기도 한다. 선천적으로 우뇌가 크게 손상된 채 태어난 사람이 좌뇌만으로 양쪽 팔다리를 모두 움직이는 사례도 있다. 원래 우뇌는 몸의 왼쪽을 좌뇌는 몸의 오른쪽을 관장하는데, 이 경우에는 신경세포들 사이에 완전히 새로운 연결이 만들어진 것이다.

뇌 가소성 덕분에 인간은 무한하다고 할 만큼의 창조성을 지니게 되었다. 지구상에서 인간이 지금과 같은 모습으로 살아가게 된 가장 큰 이유도 바로 우리 뇌의 가소성에서 비롯한 창조적 속성 때문이다. 물론 창조성이 인간의 능력은 아니다. 모든 생명체는 환경에 적응하고 생존에 필요한 만큼의 창조성을 발휘하면서 살아간다. 다만 인간의 뇌가 가진 특이점은 생존에 필요한 수준을 넘어 창조 그 자체를 즐기는 것처럼 보인다는 데 있다. 그래서 인간은 창조적인 에너지를 쓰지 못하면 활기를 잃고, 심지어 창조적인 성과를 얻기 위해 생명이 위태로울 정도의 위험을 감수하기도 한다.

이렇듯 인간은 창조를 즐기는 천성을 타고난다. 식욕·성욕·물욕이 충족되어도 창조의 욕구를 채우지 못하면 공허함을 느끼고, 창조하는 과정을 통해 자신의 존재 가치를 확인하고자 한다. 뇌의 입장에서는 창조의 성과가 크든 작든 그것은 중요하지 않다. 창조의 에너지를 마음껏 쓰고 있기만 하면 뇌는 그것으로 만족한다.

뇌 가소성에서 비롯한 창조적 속성을 이해하려면 뇌라는 신경 네트워크의 특성도 함께 알아야 한다. 시각·청각·후각·미각·촉각 등 감각기관을 통해 몸에 들어온 정보는 전기신호의 형태로 신경계를 타고 뇌에 도달한다. 이 전기신호는 다시 뉴런의 시냅스 부위에서 분비하는 신경전달물질을 타고 뉴런에서 뉴런으로 전달되고, 이러한 신호 자극이 지속적으로 반복되면 그 신호가 흐르는 뉴런의 경로, 즉 뇌회로가 형성된다.

이렇게 형성된 수많은 뇌회로는 서로 얽히고설키며 거대한 네트워크를 이룬다. 이 신경 네트워크 안에는 한 개인을 이루는 정보가 모두 담겨 있다. 학문, 종교, 예술, 이념, 체제, 컴퓨터, 무기, 우주선 같은 것들도 모두 이 신경 네트워크에서 탄생한 창조물들이다. 인간은 신경 네트워크를 거대하게 확장해 온 덕분에 놀라운 창조적 재능을 갖게 되었다.

우주가 끝없이 확장하며 운행하듯 뇌 역시 네트워크를 확장하려는 속성이 있다. 심장이나 위장처럼 평생 변함없이 일정하게 기능하는 다른 기관과 달리, 뇌는 이 점에서 뚜렷이 다르다. 뇌의 주인이 탐구심만 잃지 않는다면 뇌는 나이가 들어도 계속 네트워크를 확장하며 창조를 즐길 수 있다.

   개인의 건강과 행복도, 세상의 평화도 모두 뇌를 어떻게 쓰는가에 달렸다. 진정 '뇌 속의 인생'이다.

The Principles of **Brain Education**

3 | 몸과 뇌의 통합 원리

신경 네트워크의 통합

뇌와 몸은 하나로 연결된 신경계다. 우리 몸 곳곳에 신경세포가 분포하지 않는 곳이 없고, 온몸에 퍼져 있는 신경(말초신경계)은 척수를 통해 뇌(중추신경계)와 연결된다. 앞 장에서 다룬 몸의 작용 원리와 뇌의 작용 원리는 모두 몸과 뇌, 몸과 마음이 서로 긴밀하게 연결되어 있음을 보여준다.

그러나 몸과 뇌가 늘 이상적인 통합 상태를 이루는 것은 아니다. 교류가 약해지고 서로의 신호 리듬이 맞지 않아 통합 상태를 이루지 못하는 경우가 오히려 더 많다. 생활환경이 복잡해지고 미디어가 발달하면서 수많은 정보에 매 순간 노출되고, 그로 인해 우리의 의식이 늘 외부로 향하게 된 것이 가장 큰 원인이다.

현대인들은 외부에서 쏟아져 들어오는 정보를 처리하느라 이전 어느 때보다 바쁘다. 이렇게 의식이 외부를 향해 있는 동안 몸에서 올라오는 정보들 가운데 상당량은 뇌의 주의를 끌지 못하고 무시되곤 한다. 예를 들어, 소파에 비스듬히 기대어 텔레비전 드라마를 한 시간 가까이 보고 나면 몸 여기저기가 뻐근하고 저린다. 이는 텔레비전을 보는 동안 외부에서 들어오는 정보에 주의를 빼앗겨 몸이 보내는 정보를 감지하지 못했기 때문이다. 이렇게 몸과 뇌의 교류가 끊기는 상황이 계속 반복되면 몸과 마음의 균형이 깨지고, 건강과 의식에도 문제가 생긴다.

몸과 뇌가 하나의 신경계로 원활하게 기능하려면 뇌는 몸의 메시지에 주의 깊게 반응해야 하고, 몸은 뇌에 풍부한 정보 자극을 보낼 수 있도록 감각기관이 건강해야 한다. 이렇게 될 때 몸과 뇌의 신경계가 원활하게 소통하면서 생체 리듬도 활기 있게 살아난다.

뇌교육의 철학적·원리적·원형적 자산인 선도仙道 수행법 '지감, 조식, 금촉'은 신경 네트워크를 매우 효과적으로 통합하는 핵심적인 방법이다.

지감止感은 외부에서 들어오는 감각 자극을 끊음으로써 내부 감각을 살리는 것이다. 외부에서 들어오는 감각 자극을 차단하고 자기 몸에 집중하면 외부 정보를 처리하느라 무시했던 몸의 정보들이 살아나고, 그에 대한 뇌의 반응도 활발해진다. 이때 뇌 감각이 깨어난다.

조식調息은 깊고 고른 호흡을 통해 마음을 평안하게 하는 것이다. 지감 상태에서 호흡에 집중하면 조식 작용이 일어나 몸이 이완되고 기운이 살아난다. 우리 몸에서 심장을 비롯한 내장의 기능은 의지로 조절할 수 없게 되어 있다. 그런데 호흡은 무의식적으로 이루어지면서도 의식으로 조절할 수 있다. 숨을 참거나 들숨과 날숨의 길이를 조절하는 것 등이 그 예다. 무의식과 의식의 경계에 있는 호흡을 통해 전체의식을 깨우면 몸의 기능을 안정화할 수 있다.

금촉禁觸은 욕구에 따라 습관적으로 행하던 것에서 벗어나는 것이다. 좋아해서 즐기는 것, 싫어해서 꺼리는 것들을 금함으로써 평소 에너지를 쓰는 습관을 성찰하고, 새로운 에너지를 체험하게 된다.

지감, 조식, 금촉의 궁극적인 목적은 몸과 뇌의 본래 감각을 회복하는 것이다. 무뎌진 감각, 치우친 감각, 잠들어 있던 감각을 깨우고 개발해 감각의 균형을 되찾으면 신경 네트워크를 통합할 수 있다.

뇌운영시스템

개인용 컴퓨터가 보급되기 시작하면서 컴퓨터 운영시스템(Operating System, OS)이 등장했다. 운영시스템이란 컴퓨터에 내장된 수많은 기능을 사용자가 더 편리하고 효율적으로 활용할 수 있도록 만든 프로그램이다. 운영체제를 컴퓨터에 적용하면서 개인용 컴퓨터의 확산 속도는 더 빨라졌고, 컴퓨터를 처음 사용하는 사람도 사용법을 쉽게 익힐 수 있게 되었다.

뇌교육은 뇌를 잘 활용하기 위해 뇌에도 하나의 운영시스템이 필요하다고 본다. 컴퓨터는 물론 다른 어떤 것에도 비할 수 없을 만큼 정교하고 복잡한 기능을 지닌 뇌를 제대로 활용하려면 그 사용 방법을 안내하는 프로그램이 필요하지 않겠는가. 엄청난 기능을 내장한 뇌를 가지고 있으면서도 사용자가 그 기능을 제대로 파악하지 못하고 이용법도 알지 못한다면 이는 개인에게는 불행이고 사회적으로는 손실이다.

뇌운영시스템(Brain Operating System, BOS)은 뇌교육의 원천기술이며, 다섯 단계로 구성된다. 단계별 구체적 내용은 다음 장에서 다루고, 여기에서는 몸과 뇌의 통합을 이루는 BOS의 세 가지 법칙을 살펴본다.

BOS 제1법칙 | 선택하면 이루어진다

사람들은 자신의 상황을 바꾸고 싶어 하면서도 그렇게 하지 못한다. 지금과 다른 선택을 하는 연습이 되어 있지 않기 때문이다. 선택도 연습이 필요하다. 자신이 원하는 것을 선택하는 감각을 키우면 인생의 행복지수를 높일 수 있다.

선택하면 이루어지는 것은 뇌의 작동 원리다. 그 선택이 강렬할수록 그 선택이 지속적으로 이루어질 수 있도록 뇌도 더 강하게 반응한다. 선택하는 순간 우리 뇌는 이미 그 선택을 받아들이고 움직이기 시작한다. 선택하는 순간 창조가 시작되는 것이다.

그런데 이때 가장 중요한 것은 선택의 기준이다. 무엇을 기준으로 선택할 것인가? 욕망과 이기심에 따라 선택해도 그것이 이루어질까? 이루기 어렵다. 왜냐하면 자기도 모르게 불안, 두려움, 죄의식이 작용해 자신감이 꺾이고 그에 따라 뇌 기능이 온전히 동원되지 않기 때문이다. 혹 이루어진다고 해도 동기에 문제가 있는 결과가 당사자와 그 주변 사람들에게 진정으로 좋은 일이 되기는 어렵다.

뇌의 능력은 뇌가 선택하는 기준, 즉 정보를 처리하는 기준에 크게 영향받는다. 건강과 행복과 평화, 그리고 양심을 기준으로 선택할 때 뇌는 부정적인 의식에 방해받지 않고 한껏 자유롭게 창조적인 역량을 발휘할 수 있다.

최상위의 기준은 물론 양심이다. 건강, 행복, 평화도 절대적인 가치는 아니기 때문이다. 어떤 경우에는 양심에 따른 선택으로 개인의 건강과 행복과 평화를 포기해야 할 수도 있다. 그러나 크게 보면 이러한 선택 역시 결국 전체의 건강과 행복과 평화를 증진하는 결과를 가져온다.

선택이 운명을 만든다. 무엇을 기준으로 선택할 것인가에 우리의 운명이 달렸다.

BOS 제2법칙 | 굿 뉴스가 굿 브레인을 만든다

뇌는 정보에 따라 움직인다. 하나의 정보가 들어오면 뇌파가 일렁이고, 신경전달물질이 흐르며, 뇌회로가 꿈틀거린다. 그 정보가 좋은 정보라면 뇌파와 신경전달물질의 작용에 따라 기분이 좋아지고 긍정적인 뇌회로들이 강화된다. 반대로 부정적인 정보라면 그에 따른 부정적인 반응이 이어질 것이다.

좋은 정보를 즐기는 방법은 얼마든지 있다. 책을 읽거나, 음악을 듣거나, 좋아하는 사람과 대화를 나누거나, 맛있는 음식을 먹는 것 등이 모두 뇌에 좋은 정보를 주는 방법이다. 나아가 좋은 정보를 스스로 생산하는 것은 굿 브레인을 만드는 최고의 방법이다. 다른 사람에게 도움이 될 정보를 제공하거나 주변 사람을 칭찬하는 등 적극적으로 좋은 정보를 생산하는 감각을 키우면 더욱 창조적이고 평화로운 뇌 상태를 만들 수 있다.

정보는 뇌를 바꾸는 열쇠다. 자신감과 자존감은 살아가는 기본이며, 스스로에 대한 믿음과 존재 가치를 상실하면 어떤 어려움도 헤쳐 나가기 어렵다. 굿 브레인은 뇌 안의 BOS를 알고 그 안에 잠재된 수천 배의 힘을 활용하는 것이다.

BOS 제3법칙 | 항상 깨어 있으라

깨어 있다는 것은 감정에 빠지지 않고, 밝은 의식으로 상황을 분별할 수 있는 상태이며, 더 크게는 양심이 살아 있는 상태다. '호랑이한테 잡혀가도 정신만 차리면 산다'라고 할 때의 그 '정신 차린 상태'가 바로 깨어 있는 것이다. 깨어 있지 않으면 언제 어디서 무엇에 잡혀갈지 모르는 게 우리의 삶이다. 항상 깨어 있는 감각은 헛되고 삿된 것이 스며들지 못하도록 삶을 지키는 파수꾼 역할을 한다.

안중근 의사가 이토 히로부미를 처단하고 수감되어 있는 동안 간수를 비롯한 많은 일본인이 그를 깊이 존경하게 된 까닭은, 감옥에서 죽음을 눈앞에 두고도 한 치의 흐림이 없는 그의 '깨어 있는 정신'에 감화했기 때문이다. 안중근 의사의 밝게 깨어 있는 정신의 실체는 양심이다. 일본 제국주의의 야욕에 통째로 삼켜진 조국과 식민 통치 아래 신음하는 동포를 구하기 위해 목숨을 내놓고 제국의 우두머리를 향해 총구를 겨눈 것은 그의 양심이 한 일이다. 양심은 오로지 양심일 뿐이다. 대한민국의 양심과 일본의 양심이 따로 있는 것이 아니기에 식민지 청년의 손에 지도자를 잃은 일본인들마저 그를 진심으로 존경한 것이다.

항상 깨어 있는 상태를 유지하는 것은 곧 자기 뇌를 경영하는 일이다. 뇌를 경영하려면 뇌의 주인이 되어야 한다. 회사를 잘 경영하려면 회사에 주인의식을 가져야 하듯이, 자기 뇌에 대해서도 주인의식을 가져야 한다. 21세기 정보화 사회에서 급증하는 중독의 본질도 바로 이 주인 자리를 잃어버린 데 있다. 정신을 차리는 순간 뇌의 BOS가 작동하기 시작한다. 깨어 있을 때 비로소 자신의 인생을 살 수 있다.

선택하면 이루어진다!
굿 뉴스가 굿 브레인을 만든다!
항상 깨어 있으라!

이 세 가지 BOS법칙을 활용해 자신의 가치를 실현하는 창조적인 삶을 사는 것, 이것이 뇌교육이 지향하는 삶이다.

5장

뇌교육의 방법론

The Principles of
Brain Education

The Principles of **Brain Education**

'뇌운영시스템(BOS)'은 뇌교육의 원천기술이자 핵심 방법론이다. 모든 디지털기기가 그렇듯이 컴퓨터는 운영시스템(OS)에 의해 작동한다. 컴퓨터를 창조한 뇌에도 당연히 '운영시스템'이 존재할 것이며, 그것을 '뇌운영시스템'이라 이름 붙인 것이다.

뇌를 운영하기 위한 준비 단계는 뇌를 바라보는 인식의 변화에서 시작한다. 지금까지 뇌를 바라보는 기존 사고의 틀을 깨고 보다 큰 차원에서 인간의 몸을 정의함으로써 몸과 마음을 움직이는 총사령탑인 뇌에 대한 인식을 새롭게 정립하고자 한다. 앞서 제시한 눈에 보이는 물질적 차원의 육체, 에너지 차원의 에너지체, 의식 차원의 정보체가 그것이다.

BOS는 뇌의 기능을 활성화하고 회복하는 두 가지 방향성을 지닌다. '활성화한다'는 것은 본래의 기능을 제대로 쓸 수 있도록 하는 것이고, '회복한다'는 것은 그 본래의 기능이 발현되지 못하도록 막고 있는 장벽을 허무는 것을 의미한다.

뇌운영시스템은 크게 다섯 단계로 구성되는데, '1단계 뇌 감각깨우기, 2단계 뇌 유연화하기, 3단계 뇌 정화하기, 4단계 뇌 통합하기, 5단계 뇌 주인되기'이다.

이 5단계 과정은 뇌의 메커니즘과 뇌활용 원리에 맞춰 단계별로 구성되어 있지만, 다음 단계로 넘어가기 위해 이전 단계를 완전히 익혀야 하는 것은 아니다. 다섯 단계 모두를 순서에 얽매이지 않고 지속적으로 훈련하면서 필요에 따라 적용하면 된다.

지구상에 존재하는 생명체 가운데 인간의 뇌만큼 복잡한 구조와 기능을 가진 존재는 없으며, 태어난 이후 이토록 많은 뇌의 변화를 만들어내는 존재 또한 없다. 인간에게 주어진 '창조성'과 '나는 누구인가?'라는 질문에 대한 답을 찾는 고등 정신 기능은 인간 뇌가 지닌 의식의 특별함을 보여준다.

뇌는 우리가 생각하는 것보다 훨씬 놀라운 능력을 갖추고 있다. 그러나 완벽하지는 않다. 매우 뛰어나지만 완벽하지는 않은 뇌의 특성 덕분에 우리는 뇌를 의지에 따라 활용할 수 있다. BOS 5단계를 통해 터득하는 뇌 활용법은 인생을 살아가는 큰 지혜이자 세상을 밝히는 큰 희망이 될 것이다.

B.O.S
Brain Operating System

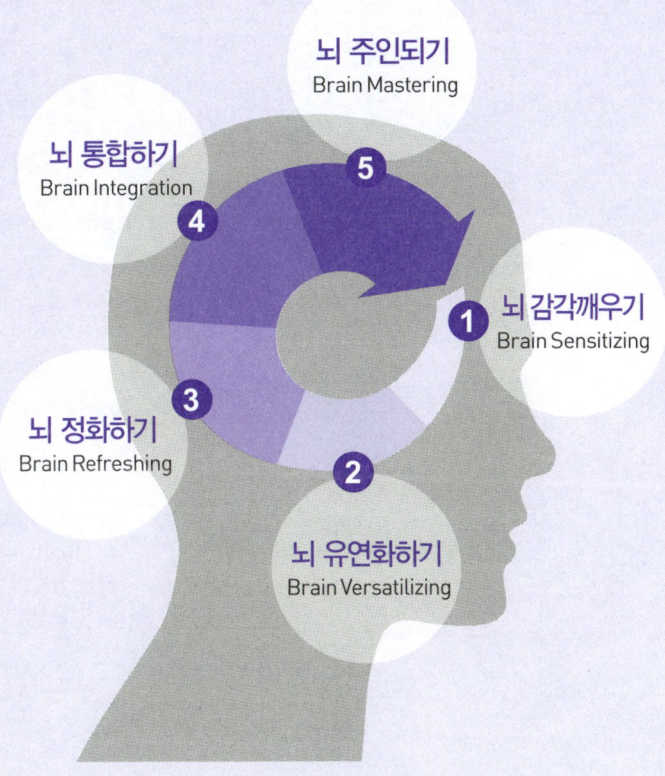

뇌 주인되기
Brain Mastering

뇌 통합하기
Brain Integration

뇌 감각깨우기
Brain Sensitizing

뇌 정화하기
Brain Refreshing

뇌 유연화하기
Brain Versatilizing

The Principles of **Brain Education**

몸과 뇌의 소통

'뇌 감각깨우기(Brain Sensitizing)'의 목표는 자신의 뇌를 의식하고 몸과 뇌의 소통을 원활하게 하는 것이다. 뇌는 다른 장기에 비해 일반적으로 잘 의식되지 않는 기관이다. 동양의학에서는 뇌를 언급조차 하지 않았고, 서양의학에서도 뇌와 정신에 대해 본격적으로 연구하기 시작한 것은 150여 년에 불과하다. 몸을 통한 수행을 강조한 불교 경전에도 몸의 각 부위를 나열한 대목에 뇌는 등장하지 않는다. 이처럼 뇌는 아주 오랫동안 우리의 인식 대상에서 제외되었다.

뇌 감각을 깨우는 과정은 뇌를 의식하는 것에서부터 출발한다. 뇌를 의식하는 것은 뇌의 기능을 알고 작용 원리를 이해하는 첫걸음이다. 이는 누군가를 사랑하게 되는 과정과 비슷하다. 사랑은 상대방을 의식하는 것에서 시작해 관심을 기울이고, 대화하고, 친밀해지고, 마침내 하나가 되는 과정을 거친다. 뇌를 안다는 것도 이와 다르지 않다. 의식하지 않던 뇌를 느끼고, 뇌와 교감하면서 통하는 감각을 키워가는 것이다.

뇌의 해부학적 구조와 생리학적 기능을 상세히 안다고 해서 자신의 뇌를 잘 안다고 할 수 없고, 뇌를 잘 활용할 수 있는 것도 아니다. 물론 그런 지식은 뇌를 이해하고 활용하는 데 도움이 된다. 하지만 자동차에 대해 아무리 해박한 지식을 갖고 있어도 직접 운전대를 잡고 운전 연습을 하지 않으면 자동차를 잘 몰 수 없듯이, 뇌에 대한 지식만으로는 뇌를 잘 활용하기 어렵다. 신경계를 활성화하는 직접적인 감각 체험이 꼭 필요하며, 이를 통해 뇌 감각을 깨울 수 있다.

우리 몸을 구성하는 약 60조 개의 세포 가운데 신경세포는 1천억 개 정도다. 뇌와 척수에 있는 신경을 중추신경이라 하고, 중추신경과 몸의 각 부분을 연결하는 신경을 말초신경이라 한다. 말초신경에는 근육과 이어진 운동신경, 내장과 이어진 자율신경, 감각기관과 이어진 지각신경이 있다. 이처럼 뇌와 몸의 각 부위는 서로 긴밀하게 연결되어 작용한다. 스트레칭, 걷기, 달리기, 호흡명상 등을 통해 몸에 집중하면 뇌와 몸의 교류 감각이 깨어나 뇌 기능이 균형 있게 활성화된다.

시각·청각·후각·미각·촉각 등 오감을 통해 감각 자극이 뇌에 끊임없이 전달되는데, 왜 뇌 감각을 더 깨워야 한다는 것인지 의문이 들 수도 있다. 이는 우리에게 운동이 필요한 이유와 같다. 깨어 있는 동안 몸을 끊임없이 움직이지만 일상에서의 제한적인 동작만으로는 몸의 기능을 충분히 활성화할 수 없다. 그래서 우리는 운동을 통해 몸의 기능을 더 향상하려 한다. 뇌 역시 외부에서 감각 자극이 끊임없이 들어오지만, 그 대부분이 일상적으로 습관화된 자극이다. 늘 익숙한 자극만 처리하다 보면 뇌는 습관적으로 반응하는 패턴에 빠져 점차 반응이 무뎌질 수 있다. 따라서 새로운 감각 자극을 통해 뇌 감각을 더 개발할 필요가 있다.

그러나 뇌 감각깨우기의 핵심은 새로운 감각 자극을 더하는 것이 아니라 이미 익숙한 감각 자극에 대한 감도를 높이는 데 있다. 의식이 늘 외부를 향해 있거나 감정이나 생각에 빠져 있으면 뇌가 몸이 보내는 신호를 알아차리지 못한다. 이렇게 잠들어 있는 뇌 감각을 깨우려면 의식을 내부로 돌리고, 감정과 생각에서 벗어나야 한다. 몸에 집중함으로써 그렇게 할 수 있다. 뇌 감각이 깨어나면 마치 시력이 좋아진 것처럼 감각 자극이 선명하게 느껴지고, 습관적인 반응에서도 벗어나게 된다.

뇌 감각을 깨움으로써 자기 몸과 뇌의 상태를 잘 느끼는 것은 이후 뇌 훈련의 중요한 바탕이 된다.

뇌 감각의 극대화

뇌 감각을 깨우는 방법은 뇌에 새로운 감각 자극과 운동 자극을 주는 것에서부터 기적인 감각을 터득하는 것까지 매우 폭넓고 다양하다. 뇌 감각이 깨어나면 뇌파를 스스로 조절할 수도 있다. 몸과 마음이 편안하게 이완된 상태일 때의 느낌, 기분이 좋을 때의 느낌, 집중이 잘될 때의 느낌 등을 기억해 두고, 그런 상태로 들어가고자 할 때 눈을 감고 그 느낌을 떠올리면 뇌가 주파수를 맞추듯 뇌파를 그 상태에 가깝게 조절한다. 몸의 상태를 알아차리는 감각이 생기면 그것을 조절하는 감각도 키울 수 있다.

뇌 감각의 세계는 생각보다 훨씬 넓다. 일상의 감각인 오감을 넘어 육감 이상의 차원이 있고, 이 감각도 훈련하면 개발할 수 있다. 이를 개발하기 위해서는 기감氣感이 필요하다. 기감은 기氣를 느끼는 감각이다. 기를 과학적으로 규명하기 위해 많은 과학자가 노력해 왔고, 지금도 기의 실체에 대해서는 논란이 있다. 그러나 분명한 사실은 누구나 감각적으로 기를 느낄 수 있다는 점이다.

기는 생명 에너지의 파동이다. 밥을 먹으면 힘이 나듯이 기를 느끼면 몸에 기운이 찬다. 몸과 기의 작용은 라디오와 주파수의 관계에 비유할 수 있다. 우리 눈에는 보이지 않지만, 공중에는 진동 횟수가 제각각인 수많은 전파들이 떠다니고 있고, 라디오로 특정 주파수를 맞추면 전파가 잡히면서 소리가 나온다. 기도 전파처럼 어디에나 존재한다. 몸이 기감을 깨워 그 주파수를 맞추면 기와 연결되면서 기운이 살아난다.

기의 느낌은 다른 감정적 느낌과는 확연히 다르다. 감정적인 느낌은 어떤 종류의 기분을 동반하지만, 기를 느끼면 오히려 감정적 기분으로부터 자유로워져 매우 평온한 상태가 된다.

기감은 누구나 가지고 있는 생명 감각이다. 기감을 깨우는 것은 자전거를 배울 때 균형감을 터득하거나 수영을 배울 때 부력을 터득하는 것처럼 자연스러운 일이다. 기는 부력과 마찬가지로 보이지 않고 만질 수 없지만 분명히 존재한다.

갓난아기는 물속에서 본능적으로 헤엄친다. 기 역시 특별한 방법을 배울 필요 없이 아기처럼 온몸의 긴장을 풀고 몸에 집중하면 그 흐름을 느낄 수 있다. 그 기운의 흐름 속에 머물면 뇌파가 지극히 안정되어 의식이 맑아지고 몸의 감각이 살아나 건강 상태도 점차 좋아진다.

기감을 깨우는 데는 호흡을 통해 몸에 집중하는 지감 수련이 효과적이다. 지감 수련으로 기감을 깨우고, 차츰 진동振動과 단무丹舞, 기공氣功 등으로 기감을 키우고 활용하는 단계로 나아간다. 지감은 외부에서 들어오는 감각 자극을 멈추고 몸과 뇌의 감각에 집중하는 수련법이다. 편안한 자세로 앉아 눈을 감고 조용히 호흡하면서 몸에 집중하면 자연스럽게 기감이 깨어난다.

진동은 머리에서부터 발끝까지 온몸의 세포가 자율적으로

진동하면서 강한 기적 작용을 일으키는 수련이다. 진동은 생명의 리듬이 살아나는 현상이다. 추우면 몸이 열을 내기 위해 저절로 떨리듯이, 생명의 리듬이 살아나면 기운이 막힌 곳을 뚫기 위해 진동이 일어난다. 진동을 하면 몸에 정체되어 있던 기운이 풀리고 기혈 순환이 좋아진다. 특히 뇌파진동은 뇌파를 조절하고 의식을 확장하는 수련법으로 뇌 전체를 활성화하고, 몸과 뇌의 균형을 회복하는 데 효과가 있다.

'기의 춤'으로 불리는 단무는 기감이 충분히 깨어난 상태에서 기를 타며 춤을 추듯 몸을 움직이는 수련이다. 단무가 춤이라면 기공은 무술에 비유할 수 있다. 기공은 기를 수렴하기도 하고 발산하기도 하면서 기적인 힘을 축적한다. 단무와 기공 단계에 이르면 기와 일체를 이루는 깊은 기적 체험을 하게 된다. 단무와 기공은 수련자의 기량에 따라 얼마든지 깊이 들어갈 수 있어서 이것만으로도 BOS 5단계의 핵심 과정을 체험할 수 있다.

기를 느끼지 못한다는 사람도 실은 일상에서 자연스럽게 기적 작용을 경험한다. 감기를 앓는 것도 기운 변화에 몸이 반응하는 것이고, 기분이 변하는 것 또한 상황에 따른 기적 반응이라고 할 수 있다. 무엇보다 기운이 강하게 작용하는 순간은 사랑할 때다. 사랑하는 사람과 눈길이 마주치거나 손을 잡는 순간 말하지 않고도 전해지는 느낌, 연인과 멀리 떨어져 있어도 상대가 어떤 상태인지 알 것 같은 느낌, 이런 것도 일종의 기적 현상이다. 사랑할 때 최고의 기감이 열리지만, 우리는 그것이 기의 감각이라는 사실을 알아차리지 못할 뿐이다. 사랑을 시작하면 심장이 힘차게 뛰고, 감각이 예민하게 살아나며, 몰입 상태가 되어 분별심이 사라진다. 기를 느끼는 순간이 바로 그러한 상태다.

대상의 가치를 결정하는 뇌

내가 보는 것, 듣는 것, 아는 것은 객관적인 실체가 아니다. 그것은 내 뇌가 보고 듣고 아는 것으로 매우 주관적인 정보다. 지금 눈에 보이는 것은 눈이라는 시각 기관에 비친 그대로가 아니라, 눈으로 들어온 시각 정보 가운데 뇌의 시각피질이 인지한 일부의 정보다. 눈에 '비친 것'이라 해도 뇌가 그것에 주의를 기울여야 비로소 '보이는 것'이 된다. 만약 뇌가 주의를 기울이지 않으면 눈앞에 버젓이 있는 것도 없는 것이 되고 만다.

사고로 한쪽 팔을 잃었는데도 없어진 팔의 감각을 담당하던 뇌 부위에서는 여전히 팔이 있는 것으로 인식해 팔을 잃은 순간의 통증을 계속 느끼는 경우가 있다. 팔은 없어졌지만, 그 감각을 담당하던 뇌 부위에는 아무 이상이 없어 뇌는 여전히 팔이 있는 것처럼 인식한다.

기능에 아무 이상이 없는 자신의 한쪽 다리를 제발 잘라내 달라고 의사에게 애원하는 아주 이상한 경우도 있다. 그 다리는 자기 다리가 아니라는 느낌 때문에 불편하고 성가시다는 것이다. 이 역시 정신적 문제가 아니라 그 다리와 연결된 뇌 부위에서 감각의 오류가 일어난 결과다. 몸과 뇌가 정확하게 소통하지 않으면 멀쩡한 자기 다리를 잘라내려 할 정도로 어처구니없는 상황이 벌어질 수도 있다.

몸과 뇌는 분리되지 않는 하나의 신경계이지만 뇌가 감지하지 못하면 외부의 대상은 물론 자기 몸조차도 없는 것이 된다. 이와 반대로 뇌가 감지하기만 하면 실제로는 없는 것도 있는 것처럼 느껴질 수 있다. 존재의 유무와 그 의미의 크기가 결국 뇌 감각에 달린 셈이다.

The Principles of **Brain Education**

2 　BOS 2단계 – 뇌 유연화하기

유연한 뇌의 특성

'뇌 유연화하기(Brain Versatilizing)' 단계의 목표는 새로운 자극을 수용하고 학습하는 감각을 기르는 것이다. 이는 도전하고 적응하는 힘을 기르는 과정이기도 하다. 오래된 습관들에 파묻혀 살다 보면 자기도 모르게 뇌가 굳어 유연성이 떨어진다. 뇌가 유연하지 않으면 새로운 것을 수용하고 학습하는 기능이 떨어지고, 새로운 방식으로 뇌를 쓰는 것에 두려움이나 거부감을 느끼게 된다.

　뇌가 유연하지 못한 이유는 고정관념이 곳곳에 버티고 있기 때문이다. 오래된 관념의 틀에 갇혀서 더 이상 새로운 것을 받아들이지 못하는 것이다. 관념은 사고하는 습관이기 때문에 바꾸기 쉽지 않지만 불가능한 일은 아니다. 뇌에는 가소성이라는 특성이 있어 기본적으로 변화하도록 설계되어 있기 때문이다.

가소성은 앞에서 설명했듯이 유연성과 창조성을 가능하게 하는 뇌의 대표적인 속성이다. 한 부위의 신경세포가 손상되어 해당 기능을 잃게 되었더라도 이웃한 신경세포에서 그 기능을 새로 학습하여 기능을 되찾을 수 있는 것은 가소성 덕분이다. 태어날 때부터 뇌수종을 앓아 뇌가 거의 없어지고 피질만 조금 남은 사람이 일상생활을 하는 데 큰 지장이 없을 만큼 뇌가 기능하는 경우도 있다. 수십 년에 걸쳐 없어진 신경세포를 대신해 남은 신경세포들이 바통을 넘겨받듯 기능을 계속 학습한 결과다.

가소성에 따른 뇌의 적응력이 이 정도이니 습관을 바꾸기 어렵다는 말을 쉽게 할 수는 없다. 변하겠다는 의지만 포기하지 않는다면 신경세포는 언제든지 새롭게 연결될 수 있다. 사고로 전신이 마비됐지만 화가의 꿈을 포기하지 않고 입으로 붓을 물고 그림을 그리는 사람, 태어날 때부터 두 팔이 없어 발로 숟가락질이며 바느질, 운전까지 일상의 모든 일을 스스로 해내는 사람이 실제로 있지 않은가. 이들은 비록 몸의 움직임은 유연하지 않을지라도 뇌는 매우 유연한 사람들이다.

앞으로 건강은 몸이 아니라 뇌를 기준으로 바라보는 것이 더 바람직할 것이다. 몸에 장애가 있더라도 뇌 감각이 깨어 있고 유연하다면 그 사람은 충분히 건강한 삶을 살고 있다.

뇌를 유연하게 하려면 먼저 몸을 잘 풀어주어야 한다. 뭉친 근육과 뻣뻣한 관절을 부드럽게 풀고, 몸을 탄력 있게 단련하는 과정은 근육과 뼈뿐 아니라 뇌신경에도 영향을 준다. 운동하면서 일상에서 잘 쓰지 않던 근육을 쓰고, 잘 안되는 동작을 반복해서 연습하는 동안 뇌에는 새로운 회로가 만들어진다. 뇌회로가 새로 만들어지면 그에 따라 연쇄적으로 새로운 연결들이 일어나 예기치 않은 변화로 이어지기도 한다.

운동을 하면 몸의 상태뿐 아니라 감정에도 영향을 미친다. 기분이 좋아지고, 의욕이 일고, 생기가 돌면서 몸과 마음에 긍정적인 변화를 일으킨다. 운동은 몸을 건강하게 할 뿐 아니라 정신의 유연성을 높이는 데도 꼭 필요하다.

늙지 않는 뇌

나이가 들면 뇌가 굳어 기억력을 비롯한 뇌 기능이 전체적으로 떨어진다고 흔히 생각한다. 하지만 뇌는 나이와 함께 단순히 노화하는 기관이 아니다. 나이가 들면서 뇌세포가 줄어드는 것은 사실이지만, 그것이 기억력이나 학습 능력을 떨어뜨리는 직접적인 이유가 되지는 않는다. 뇌세포가 줄어든다고 해도 우리 뇌는 기억하고 학습하는 데 아무런 지장을 받지 않을 만큼 충분한 수의 뇌세포를 태어날 때부터 가지고 있다.

나이가 들면서 뇌 기능이 떨어진다고 느끼는 이유는 뇌보다는 정신이 노화하기 때문이다. 정신의 노화란 탐구심과 호기심을 잃어 더 이상 새로운 정보에 관심을 가지지 않고 오래된 습관들 속에만 머물려고 하는 상태다. 나이와 관계없이 탐구심이 살아 있는 사람은 젊은 뇌를 가진 것이고, 틀 속에서 습관대로만 살아가는 사람은 스스로 뇌의 노화를 재촉하는 것이나 다름없다.

유연한 뇌는 나이가 들수록 지혜가 깊어진다. 뇌가 유연하지 못하면 고정관념에 매여 변화하기 어렵고 소통하는 능력도 떨어진다. 유연한 뇌와 굳은 뇌가 따로 있는 것은 아니다. 뇌의 주인이 자신의 뇌를 어떻게 사용하는가에 따라 차이가 생길 뿐이다.

뇌는 나이가 들수록 유연함을 키우기 위한 새로운 정보 자극이 더욱 필요하다. 뇌의 유연성은 행복한 삶의 조건과도 관계가 깊다. 새로운 정보와 새로운 관계에 열려 있는 사람은 내면의 풍경과 삶의 환경이 풍요로워지고, 그것은 곧 행복의 중요한 조건이 된다.

The Principles of **Brain Education**

3

BOS 3단계 – 뇌 정화하기

실재하지 않는 기억

'뇌 정화하기(Brain Refreshing)' 단계에서는 뇌 기능 활성화를 저해하는 두뇌 환경, 즉 부정적인 정보와 피해의식, 그리고 자신을 구속하는 기억이나 감정을 정화하는 것을 목표로 한다. 건강관리를 위해 몸을 깨끗하게 씻듯이, 정신건강을 위해 뇌 속에 쌓인 정보도 때때로 거르고 씻어낼 필요가 있다.

뇌 속에 정체를 일으키는 정보를 정화하는 과정에서 자신이 원하는 정보를 선택하는 힘을 기르는 것도 이 단계의 중요한 목표다. 뇌를 정화한다는 것은 모든 감정과 기억, 욕망과 이기심이 정보에 따른 뇌의 현상임을 이해하고 이를 객관화하는 과정이다. 모든 것이 정보의 작용이라는 사실을 알지 못하면 우리는 희로애락의 감정에 늘 이리저리 휩쓸리게 된다. 그러나 감정과 기억, 욕망과 이기심의 실체를 알면 부정적인 정보를 스스로 정화할 힘이 생긴다.

사람들은 대부분 뱀을 보면 놀라고 무서워한다. 뱀에 대한 공포가 심하면 사진만 봐도 비명을 지른다. 그런데 뱀을 반기는 사람도 있다. 뱀을 잡아서 돈벌이하는 땅꾼이다. 뱀은 뱀일 뿐이지만 뱀이라는 정보에 대한 반응은 각자의 처지에 따라 크게 달라진다. 뇌 속의 다른 정보들도 마찬가지다. 어떤 기준으로 정보를 처리하느냐에 따라 그 정보의 의미와 쓰임새가 달라진다.

뇌에는 시시각각 들어오는 수많은 정보를 분류하고 저장하는 기준이 있다. 뇌가 정보의 중요도를 판단하는 첫 번째 기준은 그 정보가 생존에 얼마나 필요한가 하는 점이다. 특히 생존에 위협적인 상황을 초래한 정보는 뇌 깊숙이 저장된다. 이런 속성 때문에 육체적으로나 정신적으로 고통스러웠던 상황은 일회적이고 순간적인 일이었다고 해도 쉽게 잊히지 않는다.

뇌가 정보의 중요도를 판단하는 두 번째 기준은 정보 자극의 빈도다. 자극이 한두 번 전달되다가 끊기면 뇌는 그 정보를 단기기억으로 처리한다. 그러나 자극의 빈도가 잦아지면 뇌는 그것을 중요한 정보라고 판단해 장기기억으로 분류한다.

그런데 여기에 변수로 작용하는 것이 감정이다. 단 한두 번의 자극이어도 감정이 개입하면 정보의 중요도가 높아진다. 영어 단어를 외울 때 단어에 감정을 투사하면 기억이 잘 되는 것도 이러한 뇌의 메커니즘 때문이다.

뇌에서 기억을 담당하는 부위는 해마이고 감정에 관여하는 부위는 편도체다. 해마와 편도체는 아주 가깝게 이웃해 있어서 편도체의 감정적 반응은 해마가 기억을 처리하는 데 직접적인 영향을 미친다. 정보에 대한 편도체의 반응은 시각적 인식보다 훨씬 빠르게 일어난다. 눈으로 들어온 시각 정보는 뇌의 시각피질과 편도체 두 곳으로 나뉘어 전달되는데 편도체로 가는 경로가 더 짧으므로 편도체가 시각피질보다 먼저 반응한다. 우리가 대상을 보았다고 느끼기도 전에 편도체는 이미 그 대상에 대해 좋거나 싫다는 판단을 내린다.

편도체의 감정 반응과 깊이 결합한 장기기억은 평생 지속되기도 한다. 그런데 이런 종류의 장기기억은 대개 고통스러운 경험에서 비롯되는 경우가 많아, 기억을 떠올리지 않으려 해도 불쑥 떠올라 과거의 고통스러운 감정을 되살린다. 컴퓨터처럼 뇌에도 삭제 기능이 있다면 원치 않는 기억을 지워버리면 되겠지만, 뇌에는 의도적으로 기억을 지울 방법이 없다.

뇌를 정화한다는 것은 기억 자체를 지우는 것이 아니다. 이는 뇌의 메커니즘과 맞지 않는다. 감정적 기억에서 벗어나려면 기억의 속성을 활용해야 한다. 기억이란 사진과 달리 떠올릴 때마다 재편집되는 가변적이고 불안정한 정보다. 즉, 기억은 사실 그 자체가 아니라 자기 뇌가 구성하고 편집해 붙잡아둔 정보일 뿐이다. 기억이 내 발목을 잡는 것이 아니라 내가 기억을 계속 불러들이는 것이다.

이를 멈추려면 감정과 결합한 기억에서 감정을 분리해야 한다. 기억에 붙은 감정의 에너지를 스스로 놓아버림으로써 그렇게 할 수 있다. 감정적 기억에서 감정의 에너지를 빼내고 새로운 의미로 재편집하는 것이다. 이것이 뇌 정화하기 과정에서 일어나는 일이다.

정보 정화와 치유

피해의식이나 부정적인 감정에 빠지는 것은 뇌의 작용에 스스로 속는 것과 같다. 위험한 것, 위협받았던 것을 기억하려는 생존 메커니즘에 따라 작동하는 뇌의 전략에 휘둘리지 않으려면 부정적인 기억과 거리를 두고 자신에게 필요한 정보를 주체적으로 선택하는 힘을 길러야 한다. 뇌 감각깨우기와 뇌 정화하기는 이러한 힘을 발휘할 수 있는 뇌 내 환경을 만드는 준비 과정이다.

뇌는 부정적인 감정과 관련된 상황을 잘 기억하도록 진화했는데, 이는 무섭거나 고통스러운 경험을 기억해 두었다가 이후에 유사한 위험 상황으로부터 자신을 지키려는 방어 기능이다. 따라서 부정적인 정보라 하더라도 기억이 되는 것 자체를 막을 수는 없다. 다만 정신적 충격으로 스트레스 장애를 겪거나, 과거의 기억이 현재의 삶을 억압하거나, 피해의식 때문에 무기력해지는 상황에 빠지지 않으려면 적어도 이러한 부정적인 기억을 더 이상 강화하지는 말아야 한다. 그런데 뇌의 전략에 따라 그런 기억을 자꾸 떠올리는 것 자체가 결과적으로 기억을 강화하는 일이 되고 만다.

뇌 속 정보들 가운데에는 적절히 처리하지 못한 감정의 찌꺼기와 크고 작은 심리적 장애를 일으키는 정보들이 있게 마련이다. 부정적인 사고 패턴을 형성하고 의식 성장을 가로막는 이 정보들을 정화하고 치유하려면 우선 그런 기억 정보가 내 안에 존재한다는 사실을 인정해야 한다. 고통스러웠던 기억이 떠오르면 자기도 모르게 긴장해 이를 회피하거나 무시하게 된다. 그러나 회피하거나 무시하면 기억은 잠시 사라지는 듯하다가 이후에는 더 집요하게 고개를 든다.

정화와 치유는 과거의 자신을 인정하고 용서하는 데서 시작한다. 어린아이를 보살피는 마음으로 자기 자신을 격려하고, 시행착오를 허용하며, 기억에 붙어 있는 감정들을 정면으로 바라본다. 그렇게 하다 보면 자신을 괴롭히던 '특별한 기억'이 차츰 '평범한 기억'으로 바뀐다.

뇌 정화 과정에서는 이미지 연상법을 적극적으로 활용한다. 뇌는 상상과 현실을 뚜렷이 구분하지 않기 때문에 이전에 경험한 적이 있는 상황을 상상하면 뇌는 실제로 일어나고 있는 일로 받아들이고 이에 반응한다. 운동선수들이 일정 기간 휴식하면서 상상으로 운동 연습을 하는 이미지 트레이닝이 실제로 기량이 향상되는 효과를 거두는 것은 몸만 움직이지 않을 뿐 운동할 때 쓰는 뇌회로를 그대로 쓰기 때문이다. 자신이 원하는 상황을 아주 구체적으로 상상함으로써 뇌의 작용에 실제로 영향을 미칠 수 있다.

감정이나 정서는 마치 밑그림처럼 뇌의 모든 활동에 영향을 미친다. 만약 감정이나 정서에 심각하게 왜곡된 부분이 있다면 뇌의 정보처리 전반에 문제가 생길 수 있다. 따라서 뇌 정화는 뇌가 원활하게 정보를 처리하기 위해 꼭 필요한 과정이다.

신경계에 쌓인 부정적인 정보를 씻어내면 마음이 가벼워지고 의식도 한결 자유로워진다. 의식을 무겁게 짓누르던 기억의 더께를 걷어냄으로써 자긍심과 자신감도 되살아난다. 뇌를 정화하는 과정을 통해 뇌 속 정보의 흐름이 자유로워지고 필요한 정보를 주체적으로 선택하고 활용할 수 있게 되면, 그때 비로소 뇌가 진정한 창조성을 발휘하는 단계로 나아갈 수 있다.

The Principles of **Brain Education**

4

BOS 4단계 – 뇌 통합하기

의식과 무의식의 소통

뇌의 대표적인 기능은 생명 유지 기능, 감각 기능, 사고 기능이다. 이 세 가지 기능은 서로 연결되어 있어서 연쇄적으로 영향을 주고받으며 정보를 처리한다. 세 가지 기능이 문제없이 소통하며 하나의 시스템으로 활발하게 작동할 때 뇌는 최대의 효율과 생산성, 창조성을 발휘한다. 뇌교육은 이를 뇌 통합의 효과로 설명한다.

뇌 통합은 크게 두 가지 방향으로 나타난다. 하나는 뇌의 가장 심부인 뇌간에서 그 위의 대뇌변연계, 제일 바깥층인 대뇌피질로 이어지는 '수직적 통합'이고, 다른 하나는 좌뇌와 우뇌를 잇는 '수평적 통합'이다. 수직적 통합은 '무의식-감정-의식'의 통합이고, 수평적 통합은 '이성-감성'의 통합이다.

통합 상태란 뇌의 각 부위에서 일어나는 정보처리가 서로 잘 교류되며, 생명력과 지적 능력이 조화롭고 균형 있게 작용하는 상태다. 이런 상태일 때 우리 몸의 자연치유력이 강화되고 뇌파가 안정되며 창의력도 깨어난다.

이전 단계인 뇌 정화하기의 목표가 '선택하는 힘'을 기르는 것이었다면, 뇌 통합하기(Brain Integration) 단계의 목표는 '선택하는 기준'을 세우는 것이다. 정보를 처리하는 하나의 강력한 기준이 서면 그에 따라 정보 통합이 이루어진다.

뇌 정화 과정을 거쳐 뇌 통합 단계에 이르면 자신의 가치를 실현할 최고의 기준이 '양심'임을 깨닫고, 양심을 기준으로 선택하는 감각과 힘이 생긴다. 뇌 통합을 통해 마침내 양심의 빛을 밝히면 삶의 목적도 더 분명하게 다가온다.

의식 작용과 무의식 작용 전반에 걸쳐 정보 통합이 일어나도록 이끄는 과정에는 뇌교육의 핵심적인 기술들이 집약되어 있다. 그렇다면 정보 통합은 어떻게 이룰 수 있는가?

통합의 열쇠

정보가 통합되면 창조적 열정과 통찰력이 깨어난다. 이는 뇌 감각을 깨우고, 뇌를 유연하게 하며, 정보를 정화하는 과정을 거치면서 뇌 속 환경이 최적화된 결과다.

정보 통합의 핵심은 집중력이다. 집중이란 의식과 감각을 흐트러뜨리지 않고 에너지를 한곳에 모으는 것이다. 뇌는 두 가지 정보를 동시에 처리하지 못한다. 멀티태스킹이 가능해 보이지만 실제로는 여러 가지 정보를 동시에 처리하는 것이 아니라 한 가지씩 차례대로 처리한다. 뇌의 메커니즘으로 볼 때 멀티태스킹은 오히려 집중력을 흐트러뜨릴 뿐 효율적인 방식이 아니다. 뇌 기능의 효율을 높이려면 무엇보다 한 가지에 온전히 집중해야 한다.

집중하는 데 필요한 것은 목표다. 스스로 정한 목표가 있을 때 강한 집중력을 발휘할 수 있다. 정보 정화가 이루어진 뇌에 목표를 부여하고 그것에 집중하면 마침내 정보 통합의 순간이 찾아온다. 목표와 집중은 뇌를 통합하는 열쇠다.

통합 상태에 이르면 뇌에서 쾌감 반응이 나타난다. 욕망이 모두 사라진 충만한 기분, 내면에서 우러나오는 열정과 기운이 생동하는 느낌. 바로 이런 순간, 창조성을 품고 있던 신성의 문이 조용히 열리고 양심의 빛이 주변을 밝힌다.

The Principles of **Brain Education**

5

BOS 5단계 - 뇌 주인되기

정보처리의 주체

BOS 5단계 중 마지막 단계인 '뇌 주인되기(Brain Mastering)'는 뇌교육의 최종 목표이기도 하다.

뇌 주인되기 단계의 목표는 '선택하는 주체'가 되는 것이다. 양심이라는 기준에 따라 주체적으로 정보를 처리하는 감각을 완전히 습관화하는 단계다. 4단계까지의 훈련을 본격적으로 삶에 적용하는 과정이기도 하다.

뇌를 이루는 각 부위가 저마다의 기능대로 감각하고 비교하고 예측하고 추론하고 기억하며 정교한 사고 과정을 거치는 이유는 단 한 가지, 어디로 어떻게 움직일지를 결정하기 위해서다.

뇌의 진화 초기부터 먹이를 잡기 위해 또는 잡아먹히지 않기 위해 어디로 어떻게 움직일지를 판단하는 능력은 생존이 걸린 중대한 문제였다. 이는 생존 환경이 훨씬 더 복잡해진 현대사회에도 변함이 없다.

뇌는 매 순간 어디로 어떻게 움직일지를 정하기 위해 정보를 모으고, 분류하고, 조합하고, 선택한다. 이러한 정보처리 과정의 중심에 양심이 태양처럼 밝게 빛나는 사람, 곧 양심에 따라 주체적으로 정보를 처리하는 사람이 뇌의 주인이 된 사람이다.

뇌의 주인이 되면 양심을 기준으로 정보를 판단하고 선택해 실행함으로써 자신의 가치를 실현하는 삶을 창조할 수 있다.

내가 원하는 나를 만나는 방법

욕망과 이기심 또는 원치 않는 습관을 베어버리고 내가 원하는 나를 만나고 싶지 않은가? 뇌의 주인이 되면 삶의 목표, 인생의 비전을 찾는 눈이 열린다. 인생을 디자인하는 감각이 트인다. 주인이 있는 뇌는 배가 목적지를 향해 항로를 잃지 않고 힘차게 나아가듯, 뇌의 모든 기능을 자신의 목표에 맞춰 가동한다.

이전 단계인 '뇌 감각깨우기, 뇌 유연화하기, 뇌 정화하기, 뇌 통합하기'는 뇌의 주인을 맞이하기 위한 준비 과정이라고 볼 수 있다. 뇌의 주인이 되기 위해서는 이전 단계들의 목표를 모두 체험해야 한다. 그 과정을 통해 뇌의 주인이 될 수 있는 감각과 힘을 기를 수 있다.

뇌의 주인이 된다는 것은 삶의 태도를 정하는 일이다. 욕망과 이기심, 원하지 않는 습관을 끊어낼 수 있는 양심의 감각이 살아나면 어떻게 살아야 할지를 확연히 깨닫게 된다. 그러나 이를 지킬 힘이 없으면 가치를 알면서도 실행할 수 없다.

BOS 5단계는 전 과정을 반복 훈련함으로써 양심을 지킬 힘, 뇌의 주인 자리를 지킬 힘을 기르는 데 그 목표가 있다. 삶의 목적을 알고 밝은 마음으로 자신의 길을 힘차게 가는 사람. 이 것이 뇌의 주인이 된 사람의 행복한 자화상이다.

뇌교육의 미래 가치

The Principles of **Brain Education**

새로운 가치의 발견

성공에서 완성으로

인생의 목표가 무엇인가, 무엇을 위해 사는가 하는 질문에 많은 이들이 '성공'이라고 답한다. 무엇이 성공인지 명확히 규정하지도 않은 채 사람들은 성공하기를 열망하고, 우리 사회 역시 성공이 최고의 가치라고 시스템을 통해 역설한다.

문서로 남아 있는 인류의 역사란 승자의 기록이다. 성공하지 못한 사람은 승자의 기록 속에 등장하는 주변 인물일 뿐, 자신의 가치를 대변할 기회를 얻지 못한다. 이런 역사의 속성은 이기는 것이 옳다는 믿음을 낳았고, 경쟁과 성공을 삶의 당연한 조건으로 받아들이게 했다.

그런데 문제는 성공이란 모든 사람이 함께 누릴 수 있는 가치가 아니라는 점이다. 성공은 상대의 실패를 전제로 하고, 소수의 성공은 다수의 실패 위에 세워진다. 더구나 그 누구도 계속 성공하기만 하는 승승장구의 인생을 누릴 수는 없다. 그러니 역설적으로 성공의 가치를 평생 뒤쫓는 것이야말로 가장 실패하기 쉬운 인생을 선택하는 셈이다.

성공하려는 욕망은 과도한 외모지상주의를 낳기도 했다. 아름답고 젊어 보이는 외모가 성공의 조건으로 떠오르자 다이어트와 성형 열풍이 불어닥쳤다. 허망하게도 누구든 중년을 넘어 노년기에 접어들면 생김새에 큰 차이가 없어지건만, 사람들은 현재의 조건을 바꿀 수만 있다면 건강도 포기하려는 듯한 기세로 자기 몸을 외부 기준에 맞추려고 애쓴다.

성공이라는 것이 그럴 만큼의 가치가 있는 것일까? 물론 성공은 누구나 열망할 만큼 매력적인 체험이며 인생에서 중요한 요소이기도 하다. 그렇다면 성공에 대해 몇 가지 질문을 던져볼 필요가 있다. 무엇 때문에 성공하려고 하는가? 그 성공이 당신을 진정 행복하게 하는가? 또 이웃과 당신이 속한 사회에도 이로운가? 누구나 성공을 원한다면 모든 사람이 함께 성공할 방법은 없는가?

성공보다 온전한 가치, 모든 사람이 함께 누릴 수 있는 가치, 상대적인 성취감이 아니라 절대적인 만족감을 얻을 수 있는 가치를 뇌교육은 '완성'에서 찾는다. 완성을 추구한다는 것은 뇌의 주인으로서 자기 삶을 향상하기 위해 끊임없이 노력하고, 양심에 따라 모두가 더 건강하고 행복하며 평화롭게 살 수 있도록 돕는 삶의 방식을 선택하는 것이다.

완성에는 경쟁이 없다. 현대사회에서 경쟁은 불가피하며, 한편으로는 인간의 능력을 향상하는 조건으로 받아들여지기도 한다. 그러나 사회가 규정한 경쟁의 규칙을 따른 결과, 인류는 인간성 상실이라는 엄청난 폐해와 마주하게 되었다. 경쟁은 속성상 점점 치열해지게 마련이다. 이기기 위해 속도를 올리다 보면 인간과 자연을 마구잡이로 착취하는 일이 점점 늘어나고, 결국 아무도 승자가 될 수 없는 상황에 이를지도 모른다.

사정이 이런데도 학교 교육은 여전히 지금까지의 경쟁 방식을 그대로 따르고 있다. 아이들에게 시험을 치르게 하고 등수를 매겨 능력을 차별화하는 방식을 당연하게 여기는 학교는 과연 누구를 위한 것인가. 아이들이 서로 협력해 모두 백 점을 받을 수 있는 교육을 상상하지 않는 이유는 무엇인가. 그런 교육을 두려워하는 이유는 무엇인가.

경쟁은 행복해지려는 욕구를 충족시키는 데 적합한 방식이 아니다. 상대를 이기려는 마음을 품은 채 행복할 수 없으며, 잠시 승리의 쾌감에 젖은 뒤에는 또다시 새로운 경쟁 속으로 뛰어들어야 한다. 또한 경쟁은 개인과 개인을 고립시키고, 공동체를 허물어뜨리며, 탐욕의 시스템을 강화한다. 인간성 상실을 심화하는 이런 메커니즘 속에서 과연 누가 행복할 수 있겠는가.

죽음 앞에서도 의미를 잃지 않는 성공이 있다면, 그것은 완성의 가치 속에서 얻은 성공일 것이다. 후삼국을 통일한 왕건은 죽음을 앞두고 '인생이 덧없다'라고 했고, 이스라엘의 전성기를 이룬 솔로몬 왕은 '인생은 헛되고 헛되다'라고 노래했다. 그런가 하면 자신의 양심에 따라 백의종군해서라도 전장에 나선 이순신 장군은 전쟁에서 승리한 순간에도 죽음을 택함으로써 자신에게 가장 소중한 가치를 지켰다. 바로 완성의 가치다.

다른 사람의 삶에 대해 가치 판단을 할 때처럼 자신의 인생을 객관적으로 볼 수 있다면, 지금 자신이 어떤 선택을 해야 하는지도 알 수 있을 것이다.

완성은 양심에서 나오는 가치다. 양심이 밝게 살아 있을 때 완성의 가치를 선택할 수 있다. 양심을 끝까지 지키는 것이 곧 인간 완성을 이루는 것이다. 뇌교육은 궁극적으로 인간 완성이라는 최고의 가치를 지향하는 '인간 완성학'이다. 양심을 밝혀 뇌를 잘 활용함으로써 그렇게 할 수 있다.

진정한 행복 역시 양심이 바탕을 이룰 때 가능하다. 양심에 비추어 좋은 것이라면 다른 사람에게는 불행해 보일지라도 그것을 선택한 사람에게는 깊은 행복감을 준다. 성공 같은 외적 조건만으로 행복을 얻을 수 없는 이유가 바로 여기에 있다.

지금까지 인류의 역사는 성공의 가치를 좇는 욕망의 역사이자 지배의 역사, 파괴의 역사가 주류를 이루었다. 이런 이유로 인류는 인간성 상실의 시대를 살고 있다. 이제부터라도 인간성 회복의 역사를 시작하려면 가치의 기준을 바꿔야 한다. 욕망에서 조화로, 지배에서 존중으로, 소유에서 나눔으로, 경쟁에

서 화합으로 가치의 기준을 바꾸고 성공을 넘어 완성을 추구
한다면 인류는 새로운 문명의 역사를 써갈 수 있을 것이다.

가치의 혁명, 이것이 뇌교육이 지향하는 이상이다.

양심의 시대

지금으로부터 약 2천4백 년 전, 고대 그리스의 철학자 소크라
테스와 그의 제자들은 서로 문답하면서 '인간이 원하는 것은
무엇인가'를 토론했고, 오랜 논의 끝에 '행복'이라는 결론에 이
르렀다. 누구나 행복을 원하는데 그런데도 인간이 행복하지
못한 이유에 대해서는 약 130년 전 독일의 철학자 니체가 답했
다. '방법을 잘 모르기 때문'이라고.

행복을 얻는 확실한 방법은 '양심대로 사는 것'이다. 양심이
란 생명 현상의 질서이며, 사람이 사람으로서 아름다울 수 있
는 근본이다.

양심이 없는 육체는 아름답지 못하고, 양심이 없는 지식은 위
선이 될 수 있으며, 양심이 없는 재물은 도둑질과 같다. 양심이

없는 예술은 타락이고, 양심이 없는 종교는 우상 가운데서도 가장 큰 우상이다.

세상을 이토록 어둡게 만든 것은 양심을 잃어버린 사람들의 마음이 아니겠는가. 이 시대가 간절히 기다리는 초인超人은 양심이 밝게 깨어 있는 사람이다. 한 사람 한 사람이 양심의 등불을 밝히면, 이 빛이 모여 마침내 깊은 어둠도 환하게 밝히는 양심의 태양을 높이 띄울 수 있지 않겠는가.

The Principles of **Brain Education**

2 | 새로운 문화의 출현

뇌 속에 있는 미래

중세에 살면서 근대가 올 것이라는 믿음을 갖기는 어려웠을 것이다. 신본주의 사회의 폐해를 지적하며 세상이 바뀌어야 한다고 열정적으로 외치는 이들도 있었지만, 대다수의 사람은 암울한 현실에 절망해 그 속에 움트고 있던 근대의 싹을 보지 못했다. 그런데도 때가 되자 중세의 어둠이 물러가고, 인본주의를 알리는 근대의 나팔 소리가 세상에 울려 퍼졌다. 이러한 변화는 당대인들에게 천지개벽과 같은 일이었을 것이다.

21세기에 사는 우리는 무엇을 꿈꾸는가? 우리의 미래를 어떻게 예측하는가? 분명한 사실은 지금 우리가 희망하고 선택하는 대로 우리의 미래가 전개된다는 사실이다. 영원할 것 같던 신본주의 문화가 물러나고 인본주의 문화가 꽃피었듯, 물질문명에서 정신문명으로 전환하는 시대의 변혁이 이 시대에 일어날 수 있다. 우리가 정말 그런 세상을 원한다면 말이다.

우리의 미래는 바로 우리 뇌 속에 있다. 근대의 싹도 중세의 비밀 동굴이나 은밀한 지하 아지트가 아니라 당대인들의 뇌 속에서 움트고 있었다. 그들의 간절한 희망이 꿈을 현실로 이룬 것이다.

뇌는 정보가 흐르는 거대한 네트워크다. 만약 내가 다른 사람과 어떤 정보를 공유하면 그 사람의 뇌와 나의 뇌 사이에 연결이 생긴다. 이렇게 뇌와 뇌 사이의 연결이 계속 일어나면 마침내 인류 전체가 하나의 네트워크로 연결될 수 있다.

그렇게 되었을 때 인류의 네트워크에는 어떤 정보가 흐를까? 그것은 내가 지금 어떤 정보를 선택하느냐에 따라 달라질 일이다. 내가 양심에 따라 정보를 선택하면 그 정보가 인류의 네트워크로 퍼져 나가 뇌파가 일렁이듯 의식 변화의 파장을 일으킬 것이다. 이렇게 뇌를 이해하면 한 사람의 선택이 얼마나 중요한지, 서로 연결되는 것이 왜 필요한지도 분명히 알 수 있다.

뇌교육을 하는 이유가 바로 여기에 있다. 뇌교육은 뇌의 정보처리 시스템에 대한 이해를 바탕으로 우리를 정보처리의 주체로 서게 한다. 그리고 이를 통해 인류 평화의 열쇠가 바로 자신의 뇌 속에 있음을 깨닫게 한다.

인간성 회복을 위한 철학

중세의 끝에서 인본주의를 갈망했듯이, 인본주의의 끝에서 우리는 인간성 회복을 외치고 있다. 그렇다면 인간성 회복이 목표인 다음 시대는 어떤 문화를 중심으로 펼쳐질까? 물질문명 시대에서 정신문명 시대로 들어서는 긴 터널을 통과하면서 뇌교육이 발견한 해답은 '신인합일神人合一'의 문화다.

신인합일은 글자 그대로 신과 인간이 하나를 이룬다는 뜻이다. 신 중심도 인간 중심도 아닌 신과 인간이 하나인 상태다. 사람 안에 하늘이 있고(인내천人乃天), 사람 안에서 하늘과 땅이 하나이고(인중천지일人中天地一), 하늘과 땅과 사람이 본래 하나이며(천지인天地人), 자기 뇌 속에서 하느님을 찾으라는(자성구자 강재이뇌自性求子 降在爾腦) 옛 가르침들이 모두 신인합일의 가치를 담은 우리의 정신이다. 깨달음을 중시했던 우리 정신문화의 전통에서 가장 핵심이 되는 철학이 바로 신인합일이다.

신인합일의 문화에 변화가 일기 시작한 것은 불교, 유교, 기독교를 비롯한 외래 종교들이 이 땅에 들어오면서부터다. 이들 종교는 우리의 전통적인 신관神觀을 바꾸어놓았고, 이는 생활 문화와 의식 전반에 큰 영향을 끼쳤다. 그런데 사람들은 문화의 근간을 흔드는 정신적 침략을 당하고도 그것이 어떤 의미인지 알지 못했다. 다양한 문화 교류는 문화 발전을 위해 꼭 필요하지만, 자신의 문화적 뿌리를 잊고 중심가치를 잃으면 외래 문화에 종속되고 만다. 사람뿐 아니라 문화예술이나 학문도 마찬가지다. 자신의 가치를 깨닫지 못한 채 그저 배워서 하는 예술이나 학문은 어떤 감동도, 어떤 가르침도 전할 수 없다.

잃어버린 자신의 가치를 깨닫고 이를 되살려야 한다. 신인합일의 문화가 일깨우고자 했던 자기 안의 신성을 만나는 것, 이것이 바로 뇌교육의 목적이다. 신성을 만나는 체험을 통해 뇌교육은 자신의 가치를 발견하고, 변화하고 창조하는 삶의 주체로서 그 가치를 실현하도록 이끈다.

뇌 속의 신성을 깨우는 것이 곧 인간성을 회복하는 것이다. 신
본주의는 종교의 시대였고, 인본주의는 과학의 시대였다. 불
균형하고 불완전한 가치에 치우쳐 인간성 상실을 불러온 시대
를 지나 이제 신인합일을 통한 통합의 시대를 열어야 한다. 신
인합일은 완성을 추구하는 인간의 본성에 부합하는 가치로서
종교와 사상, 민족과 이념을 넘어 인류가 진정한 희망을 회복
하는 통합의 시대를 밝힐 것이다.

The Principles of **Brain Education**

3 새로운 세계의 창조

인생의 대발견

지금 인류는 역사상 물질적으로 가장 풍요로운 시대를 맞았지만, 여전히 행복하지도 평화롭지도 않다. 자살률, 이혼율, 범죄율이 해마다 높아지고, 자기 삶에서 행복을 느끼지 못하는 많은 사람이 그 대체재를 찾아 엔터테인먼트에 의지한다. 왜 이렇게 되었을까? 어떻게 해야 우리는 진정한 풍요를 누리며 행복할 수 있을까?

인류 역사는 지난 수천 년 동안 괄목할 만한 변화와 성장을 이룬 것 같지만 인류 문명의 기저를 흐르는 세계관은 사실 큰 변화가 없었다. 인류는 지금까지 물질적 가치에 중심을 둔 외형적인 성장을 추구해 왔다. 더 넓은 땅, 더 강한 힘을 얻기 위해 제한된 자원을 둘러싼 경쟁과 갈등이 끊이지 않았다. 이런 관점의 밑바탕에는 세계를 분리와 갈등, 대립의 눈으로 바라보는 이원론적 세계관이 자리하고 있다. 자연도 정복의 대상이나 이용 가치가 있는 자원 덩어리로만 보는 이러한 세계관이 중심이 되어 경쟁적이고 자기 파괴적이며 지속 가능하지 않은 오늘날의 인류 문명이 만들어졌다.

인류가 물질적 가치에 매몰되지 않고 인간적 가치를 위해 물질을 활용하는 성숙한 문명을 이루려면, 인류의 가치관이 근본적으로 바뀌어야 한다. 인간은 기본적으로 이기적이고 경쟁적인 속성을 지니고 있지만, 이와 반대되는 속성도 분명히 가지고 있다. 인간에게는 만인의 행복을 추구하는 '홍익'의 본능이 있다. 이 홍익 본능을 깨우고 발전시키는 것이 인류의 과제다.

뇌교육은 홍익 본능이 잠재된 뇌의 가치를 발견하고, 정보처리를 통해 홍익과 평화의 잠재력을 깨운다. 정보처리의 핵심은 양심이다. 양심 없는 부자, 양심 없는 권력자, 양심 없는 예술가는 그들의 힘과 재능으로 오히려 세상에 피해를 준다. 양심 없는 종교와 양심 없는 자본주의는 개인과 사회를 심각하게 훼손한다.

양심을 회복한다는 것은 종교, 자본, 국가, 욕망, 이기주의 등에 물든 상태에서 벗어나 홍익인간으로 다시 태어나는 것이다. 중요한 것은 홍익의 가치다. 어떤 종교와 사상, 어떤 사회 체제라도 그 중심에 홍익의 가치가 살아 있다면 모두 의미가 있다. 정서와 취향의 차이일 뿐 삶의 질을 높이려는 목표는 같기 때문이다.

양심의 평준화, 도덕의 평준화가 이루어져야 한다. 무한한 가능성을 지닌 뇌를 이원론적 세계관에 따라 쓸 것인가, 홍익의 가치를 기준으로 쓸 것인가 하는 선택의 문제를 놓고 새로운 지각과 인식의 전환이 지구적 규모로 일어나야 한다. 양심과 도덕을 기반으로 저마다 능력을 발휘하고 홍익하는 마음으로 두루 나눈다면 행복하고 평화로운 세상이 머지않아 우리 앞에 펼쳐지지 않겠는가.

뇌의 가치를 발견하고 그 가치를 실현하는 뇌교육은 '인생의 대발견'이다. 이는 콜럼버스가 아메리카 대륙에 도착한 것보다 훨씬 더 큰 가치가 있다고 본다. 콜럼버스 일행이 아메리카 대륙에 발을 디딤으로써 그곳에서 새로운 역사가 시작되었다. 그런데 뇌교육은 뇌 속에서 인간의 가치와 생명의 가치를 발견하고 이를 실현함으로써 아메리카보다 훨씬 더 큰 지구에서의 삶을 지속 가능하게 하기 때문이다.

뇌문화 시대의 시작

인류 문명의 진원지는 인간의 뇌다. 오늘날의 인류 문명은 뇌에서 창조되었다. 무한에 가까운 창조 능력을 지닌 뇌를 만들어낸 것은 우리 몸이다. 몸은 자신의 필요에 따라 뇌라는 신경 네트워크를 설계하고 정교하게 발달시켰다.

문명의 근원과 인간 가치의 근원은 뇌를 거쳐 몸으로 이어진다. 뇌교육은 몸의 지혜에 다시 연결될 때 완전하고 인간다운 삶이 가능해진다는 사실을 오랜 시간에 걸쳐 확인해 왔다. 그래서 뇌교육은 몸의 지혜를 만나는 데서 출발한다.

몸에서 시작해 뇌 속의 정보를 정화하고 정보처리의 새로운 기준을 세움으로써 뇌의 활용 효율을 높인다. 이러한 과정을 거치는 동안 서서히 뇌의 주인이 모습을 드러낸다. 이 단계에 이르면 뇌의 주인이 되는 감각과 함께 창의력이 깨어난다.

어쩌면 창조성 자체가 홍익 본능에 포함된 것인지도 모른다. 홍익하는 마음의 바탕 없이 창조성을 발휘하기는 어렵고, 창조는 성과와 관계없이 그 에너지를 쓰는 것만으로도 자신의 존재 이유를 확인하는 만족감을 준다. 모든 창조의 성과는 크든 작든 다른 사람과 공유하기 마련이며, 이는 홍익의 특성이다.

뇌교육은 홍익인간을 만드는 교육이다. 홍익인간은 창조성이 뛰어나다. 양심에 따라 자신감 있게 정보를 처리하는 태도가 창조적인 감각을 키우기 때문이다.

뇌가 창조한 인류 문명은 수많은 문제를 안고 있다. 이러한 문제들을 해결하려는 노력은 계속되고 있지만 각자가 속한 집단의 가치에 갇혀 실질적인 해결 방안을 찾지 못하고 있다. 우리나라의 심각한 사회 문제인 교육과 청소년 문제, 종교 갈등, 가정불화, 양극화 문제도 마찬가지다.

그런데 이러한 문제를 바라볼 때 홍익 정신을 중심에 세우면 창조적인 해법을 발견할 수 있다. 홍익 정신을 중심가치로 삼으면 뇌가 그 궁극의 가치를 실현하기 위해 모든 역량을 발휘하기 때문이다.

홍익 정신이 지구적 규모로 확산해 지구시민정신으로 자리 잡을 때 인류는 새로운 세계를 맞이할 것이다. 그 새로운 세계는 인간 중심의 문화, 지구 중심의 문화, 평화의 가치를 중심에 둔 문화를 이룰 것이다.

이 모든 가치를 창조하고 실현할 주인공은 우리 뇌다. 뇌가 또 한 번 역사적인 창조를 이루도록 뇌교육은 지속적으로 방법을 찾고 환경을 만들어왔다. 뇌교육의 정보처리 기술은 과거 물물교환 시대에서 화폐 시대로의 전환에 버금가는 위력적인 변화를 가져올 것이다. 물론 현재의 프로그램과 기술은 앞으로 연구 개발을 거듭하며 계속 발전해 갈 것이다.

그리하여 이제 새로운 가치, 새로운 문화, 새로운 세계를 창조하고자 하는 뇌교육의 이상을 모든 지구시민과 함께 나누고자 한다.

뇌 선언문 Brain Declaration

1. 나는 내 뇌의 주인임을 선언한다.
   I declare that I am the master of my brain.

2. 나는 나의 뇌가 무한한 가능성과 창조적 능력을
   가지고 있음을 선언한다.
   I declare that my brain has infinite possibilities
   and creative potential.

3. 나의 뇌는 정보와 지식을 선택하는 주체임을 선언한다.
   I declare that my brain has the right to accept or refuse
   any information and knowledge that it is offered.

4. 나의 뇌는 인간과 지구를 사랑한다.
   I declare that my brain loves humanity and the earth.

5. 나의 뇌는 본질적으로 평화를 추구함을 선언한다.
   I declare that my brain desires peace.

Take back your brain!

뇌교육 원론
The Principles of Brain Education

초판 1쇄 발행 2026년 4월 8일
초판 2쇄 발행 2026년 4월 22일

지은이 · 이승헌
펴낸이 · 심남숙
펴낸곳 · (주)한문화멀티미디어
등록 · 1990. 11. 28.제 21-209호
주소 · 서울시 강남구 봉은사로 317 아모제논현빌딩 6층
전화 · 영업부 2016-3500 편집부 2016-3507
http://www.hanmunhwa.com

ⓒ 이승헌, 2026
ISBN 978-89-5699-503-8 03370